赤子心 航天情

我的回忆

于继曾 著

中国宇航出版社
·北京·

图书在版编目（CIP）数据

赤子心 航天情 ：我的回忆 / 于继曾著. -- 北京：中国宇航出版社，2021.3

ISBN 978-7-5159-1892-1

Ⅰ.①赤… Ⅱ.①于… Ⅲ.①于继曾—自传 Ⅳ.①K826.16

中国版本图书馆 CIP 数据核字(2021)第 038657 号

责任编辑　黄　莘
责任校对　王　妍　　　封面设计　宇星文化

出版发行　中国宇航出版社

社　址　北京市阜成路 8 号　　邮　编　100830
(010)60286808　　(010)68768548

网　址　www.caphbook.com

经　销　新华书店

发行部　(010)60286888　　(010)68371900
(010)60286887　　(010)60286804(传真)

零售店　读者服务部
(010)68371105

承　印　北京中科印刷有限公司

版　次　2021 年 3 月第 1 版　　2021 年 3 月第 1 次印刷

规　格　880×1230　　开　本　1/32

印　张　5　　字　数　96 千字

书　号　ISBN 978-7-5159-1892-1

定　价　38.00 元

序 一

一天下午，我正在办公室里思考如何在新时代弘扬航天三大精神，如何落实质量提升、创新发展、产业发展的最新要求时，收到了十一所（京）于继曾老所长的回忆录《赤子心 航天情》，让我给写个序，让我既感意外，又大为敬佩，我的思考似乎在于所长的回忆录中都有答案。于所长是我的老领导，也是我成长进步的带路人，他带领我们干事创业，攻坚克难，没有什么克服不了的困难。他乐观豁达，严于律己，放手让我们去闯，对我的成长和工作方法影响很大。

让我感到意外的是，于所长竟能利用疫情的几个月时间写出这样一部对人生、甚至对单位发展历史都有意义的回忆录，让我感到敬佩的是他所不为我知的少年、青年的那段历史，他在高中担任校团委副书记时，就有着“凡事要自己做好，才有资格去管别人”的认识，20岁就入了党，可见他的人格魅力、精神世界追求进步是一如既往的。

在艰苦的历史环境中，于所长刻苦求学，立志航天报国；思想上积极要求进步，在“文革”的特殊时期立场坚定，坚持学习，磨炼本领；在处理繁忙工作的同时，为人子孝顺感恩，为人夫理解担当，为人父慈爱身教。通过《赤子心 航天情》这本书，让我更加了解了于所长的人生历程，更加敬佩他的品格风范。

作为老一辈航天人的代表，于所长在几十年的工作历程中，时刻发扬航天三大精神。在环境恶劣、条件匮乏的创业阶段，他毅然投身我国洲际导弹发动机研制任务，并勇挑重担积极争取建设“三线”的机会，在后续工作中还多次亲自支援“三线”建设。于所长的表率，再次印证了航天精神历久弥新的生命力，是航天人自力更生、艰苦奋斗的真实写照；面临国家“三抓”任务完成后军品任务不饱满、经济状况窘迫的困境，于所长一班人谋划组织，亲自参与了“七五”重点项目万吨级 SBS 专用挤压脱水和膨胀干燥机组的研制，对国内某些方面的技术空白，于所长等带领团队深耕一线，从每个零部件的选型设计到技术细节的修改完善，确保了万吨级 SBS 两机的顺利交付，拉开了民用产业蓬勃发展的帷幕，更坚定了航天人投身国民经济主战场的信心和勇气。这一段历史，也正是我们这一代和更年轻一代航天人要学习总结的。

在于所长等人的带领下，十一所（京）正式军民分线运行，积极响应“军民结合，平战结合，军品优先，以民养军”的号召，进一步明确军民结合发展的指导思想，成立北京航天石化技术装备工程公司，树立“HT11”品牌形象，建立两级市场营销体系，推行事业部管理模式，从而形成了热能工程、特种泵阀两大优势技术和高速泵、安全阀、热媒炉三大主导产品，民用产业以产值每年20%以上的增速蓬勃发展，夯实了所军民深度融合发展的组织基础。时至今日，所民用产业已达近30亿元的规模，与中石油、中石化等战略客户签订了一系列战略合作协议，成长为推动军民融合深度发展的旗手，可以说这与于所长这一辈航天人的献身精神是密不可分的。于所长他们栉风沐雨、勇于攀登，为我们今后的发展注入了精神源泉。这一段历史，也是我在于所长带领下，学习、锻炼、成长的历史，还有我们很多在一起工作的精彩故事，历历在目，在事业发展的同时，也结下了两代航天人真挚难忘的战斗友情。

于所长正式退休以后，依然关心所里的后续发展，在长五遥三火箭发射成功等重大节点，于所长都第一时间向所内发来贺信，鼓舞大家的士气和信心；在所内发展遇到瓶颈时，于所长还出谋划策，为班子的决策提供了宝贵的经验和借鉴。作为离退休老同志的一员，于所长风采依旧，成为了所和离退休老同志的精神桥梁，同时他还积极组织老同志聚会，解决、反映老同志生活中的困难，让离退休老同志感受到组织的温暖。每次去看望于所长，他总是鼓励我们，总是用挚爱航天、热爱事业、热情关心支持我们的依旧年轻的心，感染着我，感动着我。

拜读于所长《赤子心 航天情》一书，和于所长共事的点点滴滴再次涌上心头，于所长的工作态度、生活态度，无不彰显着一位老航天人、老共产党员的党性和担当，对党、对国家、对民族、对人民、对事业的感情和忠诚。《赤子心 航天情》一书不仅反映了于所长他们老一代航天人的作风和精神，更鞭策着年轻一代奋力走好新时代的航天长征路，秉承航天三大精神，坚定航天报国志向，坚定航天强国信念，为国铸箭，筑梦空天，成就伟大事业！

写到这里，言犹未尽，后续有时间再去看望于所长，当面再叙。

衷心祝愿于所长健康长寿，家庭幸福美满！

中国航天科技集团有限公司六院党委书记、副院长
周利民

序　二

作为我国液体火箭动力事业的发源地，航天六院十一所（京）自1958年创建以来，已经走过了六十多年的创业历程。在出产品、出成果的同时，十一所培养和造就了一大批德高望重、技术精湛、经验丰富的专家和优秀人才，他们用坚定的理想信念与爱国情怀，用献身航天的初心使命与责任担当，在航天事业发展的每一个关键时期发挥了重要作用，作出了突出贡献。于继曾老所长正是这个集体中的一员。

在创业时期，他参与了我国战略导弹用发动机研制任务，历练了艰苦奋斗、自强不息的信念和担当；在“军转民”的改革时期，他躬身力行、攻坚克难，组织和参与了“七五”重点科技攻关项目——万吨级SBS专用挤压脱水和膨胀干燥机组，以及5000吨级聚丙烯造粒机组的研制，填补了国内空白；在转型发展时期，他锐意改革、创新机制，确立了主推进、上面级、姿轨控和空间温控等主营业务，在圆满完成型号研制任务的同时，取得了50吨级氢氧发动机立项成功，领导和推动了一体化管理与规模化经营，加快了民用产业从探索起步到夯实基础的前进步伐，民用产业合同额从1994年0.5亿元发展到2003年2.02亿元。如今已过古稀之年的他，风采不减当年，依旧关心和支持着十一所的事业发展。

《赤子心 航天情》是老所长于继曾同志对自己一生峥嵘岁月的回顾，记录了他学习、工作的主要经历及家庭生活的动人片断，其中既有嬉戏田间的纯真童年、挑灯夜战的勤学之旅，也有挥汗如雨的航天耕耘、殚精竭虑的改革引领，还有怜妻爱子的至真情怀、桑榆未晚的退休乐趣，一件件平凡小事描绘出航天创业者的人生旅程。全书以“情”为线，充满了对党、对国家、对师友同仁的感恩情怀；以“勇”争先，体现出在科研生产、市场开发和领导岗位的责任担当；以“乐”着色，尽显不畏艰辛、感激挫折、以苦为乐的革命乐观主义精神。

《赤子心 航天情》不仅是于所长的个人传记，书中还采撷了老一辈航天人自力更生、艰苦奋斗的生活剪影，从侧面反映了十一所（京）从技术创新到管理规范、从军品立所到军民分线、从物质建设到精神孕育的真实历史，展现了筚路蓝缕、励精图治的创业历程，诠释了航天精神的朴素根源，是一笔难能可贵的精神财富。

习近平总书记说：“走得再远都不能忘记来时的路。”品读老所长的回忆录，感悟书中字里行间闪烁的理想信念和精神品质，能够使接续奋斗的十一所（京）建设者们更加全面地了解所史、液体动力史、航天发展史，更加坚定航天报国的初心使命，更加自觉地从老一辈航天人的爱国情怀、奉献意识和开创精神中汲取砥砺前行的动力。

伟大时代孕育伟大精神，伟大精神推动伟大时代。在建设航天强国的崭新征途上，让我们充分传承老一辈航天人的精神财富，严格遵循各项工作的科学规律，不断践行新发展理念，坚定“敢于战胜一切艰难险阻，勇于攀登航天科技高峰”的信心决心，不负时代嘱托，勇担攻坚责任，不断开创发展的新局面。

中国航天科技集团有限公司六院十一所（京）所长

岳文龙

序 三

在不寻常的2020年春夏期间，在举国上下大战新冠疫情取得重大战略成果之时，于继曾老同学客观、科学、系统的人生回顾——《赤子心 航天情》书稿问世，作为他的同学及好友，向他表示热烈祝贺！于继曾完成初稿后，即发来让我“提提意见”，实际上这是一次供我学习的好机会，同时他给予我的这份信任及厚爱，我深感荣幸并表示感谢！

1964年9月，我有幸与于继曾同学共在北京工业学院六系62643班学习。他是班团支部书记、系学生会主席。他学习认真刻苦，对同学和蔼关心，社会工作积极主动，在我们班乃至我们系六四年级同学中有较高的威信。

我和于继曾都来自农村，家庭成分都是下中农。我们有不少共同语言。他心胸开阔，处事大度，我在各方面得到了他不小的帮助，我也一直把他作为学习的榜样。

1968年12月，我们结束了大学学习生活，根据国家需要及安排，分别走上各自的工作岗位。由于工作性质不同，我们在新的工作中边学边干、钻研拼搏，直到2014年

8月，在入大学50周年同学聚会中，在分别46年后才相见。古稀之人，北京相聚，格外高兴。由于时间仓促，没能够深入交谈，甚憾！

2020年7月，于继曾在《赤子心 航天情》里详细介绍了他从小学、中学直到大学的艰苦求学之路；在七机部一院边学习、边工作，带头攻克军民尖端技术，荣获神舟一号及神舟五号飞船成功发射突出贡献奖等诸多奖励；饱含深情地回忆了母亲的养育之恩；真真切切地表达了对结发之妻的爱慕及因车祸不幸去世的悲痛；再婚端庄大方的王庆芝，上帝送来个“王妹妹”，恩恩爱爱，可谓“好人得好报”；他深爱儿子，但身教重于言教，儿子学习优秀，工作出色，年纪轻轻就当上了司局级干部，受到习主席握手会见等。

读完这本书稿，使我对于继曾同学有了更加深刻的了解，他取得的人生成就和精神品质，着实令人由衷敬佩！

从人生总结的角度，他做得非常突出：

1. 技术方面，先后取得了高级工程师、研究员级高级工程师职称。与结发夫人同获“航天部科学技术进步奖一等奖”等殊荣。

2. 行政方面，退休前曾任七机部一院第十一研究所所长（正司局级），这样的级别在我们160多名年级同学中也为数不多。

3. 特别奖励方面，享受国务院政府特殊津贴。

4．国外交流方面，曾带队到美国丹佛、俄亥俄州及克利夫兰等地考察学习。

现在我们都已退休，进入了老年阶段，但于继曾老同学仍然保持着积极向上的心态。他充分利用宅家抗疫的宝贵时间，列提纲、查资料、回忆撰写。短短几个月时间就撰写出38个单元的回忆文章，工作量之大，付出心血之多，可想而知。

这本回忆录，无疑是他能力、毅力、耐心的综合结晶。

我们应该学习于继曾老同学积极向上的心态，发扬我校“艰苦朴素积极向上”的优良传统，各自寻找合适的项目，勤用脑，多动腿，让我们的生活更加丰富多彩，更加充满意义。

机械工业第一设计研究院总设计师

徐洪洲

目 录

1. 童年…………………………………………………………1
2. 上初中………………………………………………………6
3. 读高中……………………………………………………10
4. 几位老师…………………………………………………14
5. 大学生活…………………………………………………17
6. “文革”期间……………………………………………21
7. 第一次领工资……………………………………………25
8. 接受解放军再教育………………………………………27
9. 回到单位…………………………………………………31
10. 第十一研究所……………………………………………33
11. 在专案组…………………………………………………35
12. 结婚………………………………………………………36
13. 搬迁“三线”……………………………………………38
14. 支援“580”任务…………………………………………40
15. 参加友谊宾馆会议………………………………………43
16. 在干部科工作……………………………………………46
17. 一次不寻常的慰问………………………………………49

18. 儿子 …………………………………………………… 52
19. 在五室工作 ……………………………………………… 55
20. 聚丙烯造粒机组的研发 ………………………………… 62
21. 在大庆“攻关”的十五天 ……………………………… 67
22. 在市场开发处 …………………………………………… 70
23. 晋升副所长 ……………………………………………… 73
24. 母亲去世 ………………………………………………… 79
25. 到美国考察 ……………………………………………… 82
26. 民品工作的经验 ………………………………………… 88
27. 在所长任上 ……………………………………………… 92
28. 金志红去世 ……………………………………………… 99
29. 航天质量管理 ………………………………………… 102
30. 航天精神 ……………………………………………… 105
31. 再婚 …………………………………………………… 108
32. 载人航天工程 ………………………………………… 113
33. 审计结论 ……………………………………………… 118
34. 工程中心 ……………………………………………… 121
35. 同学聚会 ……………………………………………… 124
36. 老同志聚会 …………………………………………… 128
37. 关心原单位 …………………………………………… 132
38. 过好退休生活 ………………………………………… 137
后记 ……………………………………………………… 141

1. 童年

1945年阴历10月19日，我出生于山东省阳谷县五里庙村。阳谷县位于山东省西南部，属于比较贫穷的地区，但却因景阳冈、武松打虎、狮子楼、紫石街等历史故事闻名于世。我出生时日本鬼子已经投降，国民党占领了阳谷县很短一段时间，就由杨勇将军率领部队解放了此地。尔后，阳谷县属于晋冀鲁豫根据地管辖，因此，我算是解放后出生的。

阳谷县十字街狮子楼

阳谷县紫石街

五里庙在阳谷县城北，距县城五里地，因此得名为五里庙。五里庙村村民全姓于，据说老祖宗是从山西洪洞县大槐树迁来的，我是第二十世孙。阳谷到聊城的公路从我们村穿过，在村西头有一棵大槐树，传说唐朝大将军尉迟敬德在这棵树上拴过马。村子处于平原地区，上百里外才有山，不过离黄河比较近，距离当年刘邓大军渡黄河的台前县孙口镇不过二十多公里，从黄河过来的引水渠经过我们村。我小时候，这个村有一百多户人家，六百多口人，近二千多亩土地，平均每人三亩地，风调雨顺时吃饭没问题，但遇到灾年大家就都抗不住了。1958 年到 1961 年国家困难时期缺吃少喝，那几年上年纪的人挺过来的不多。

我的家庭成份属于下中农，家中有曾祖父、曾祖母、祖父、祖母、母亲和两个叔叔。我父亲年纪轻轻就患上了肺结核，当时无法治疗，在我出生前两个月便去世了。当时我母亲才 26 岁，失去了丈夫，万分悲痛，但母亲是个坚强的人，具有那个时代贤良妇女所共有的道德观念，她把不幸强压心头，一生担负起上奉公婆、下抚幼孤的责任，她顽强地带着姐姐、哥哥和我生活。母亲没有文化，是一位普通的农村妇女，但她有坚贞的操守，是一位具有牺牲精神的伟大的母亲，母亲是我们一辈子学习的榜样。当时家里没分家，曾祖父母、祖父母和叔叔都帮助照顾我们。当时我外祖母健在，还有四个舅舅，他们也全力帮助我们，因此生活还过得去。母亲和我们相依为命，一直没有改嫁。

儿时我爱玩儿，自己用麻绳编成鞭子，甩鞭子玩儿，还用鸡毛和清钱做成毽子，和小伙伴踢着玩儿，踢上几百个也不掉下来，有时还能踢出花活。我也常和小伙伴玩捉迷藏和单腿撞拐，有时也打架。一次，一个小伙伴打急眼了，操起家伙就朝我的脸部砍来，把我的右眼眉给砍断了，要是再向下一点就把我的眼睛砍瞎了，我姐姐后来把那个孩子打了一顿也就了结了。记得村里有一个池塘，夏天我常去那里洗澡，我的狗刨式游泳就是在那时学会的。

我6岁时跟着哥哥去上学。学校是本村的小学，就一个男老师，是外乡人，姓李。因为学生年龄不等，教室里几个年级分别教学，是复式班。同一个年级，同学年龄也不等，有的比我大五六岁。我上学积极性很高，听老师的话，学习成绩也好，记得8岁时在街上为小商贩记账。我的老三爷爷是位私塾先生，据说还有功名。他领着我们小孩练毛笔字，春节时为老乡们写春联，受到乡亲们的夸奖。

我们村的小学是初级小学，上高级小学就要到两公里外的焦海村完小去读。那时候自己走着上学，中午带饭，食堂给热一下，当时也可能正长身体，中午吃两个大馒头，引起年龄大些的学生围观。我念了两年高级小学，考初中时因为粗心大意做错了一道算术题，没考上。后又在谷庄小学复习了一年，第二年考上了阳谷县第一中学初中部，成为了一名中学生，那一年我不满13岁。

改革开放以后，五里庙村村民们的日子逐渐好过了一些，有的经营商业，有的外出打工。近几年，村民们大都有了汽车。我们村离县城近，已属城区，按县的规划，是公园区，整个村都拆了，村民们马上要搬进新建的楼房。不过，我的故乡——五里庙村也因此消失了。

五里庙村村民将要居住的楼房

2. 上初中

我于 1958 年考入阳谷县第一中学。阳谷一中是一所具有光荣革命传统的学校，1940 年始建于湖西抗日根据地的单县，建校初期的校名为“湖西中学”，也称“冀鲁豫边区第二中学”。1948 年 6 月，边区二中和边区七中合并，此后进驻阳

阳谷县第一中学大门

谷城里，结束了八九年间辗转于黄河两岸近十个县的游动生活。1948 年 8 月平原省成立，边区二中更名为“平原省立阳谷中学”。1952 年，阳谷县归属山东省，学校改称“山东省立阳谷中学”。1956 年，阳谷县又增建了新的中学，于是，阳谷县中学改为阳谷县第一中学。

我是 9 月 1 日入学，当时正赶上大跃进，学校也搞大炼钢铁，种试验田，创高产。学校里的每个班都建了小炼铁炉，把从农村收集来的铁锅砸碎冶炼。教生物的米老师，在试验田里种了许多茼蒿和“心里美”萝卜，这两种蔬菜我都是头一回见。班主任梁于生老师是 1957 年从山东师范学院毕业的大学生，他教化学。梁老师很年轻，对我们这些新入学的学生很热情，也很和蔼，大家都跟着梁老师活动。几个月之后，学校教学渐入正轨，开始上课。梁老师教高中化学，但不教我们课程，于是就不再担任我们的班主任，转由教地理的李锦堂老师担任班主任。李老师四十多岁，人很和气，但对学生的要求很严格。当时教我们语文的是杜方梅老师，教几何的是刘锡恩老师，教代数的是刘传义老师，教俄语的是张怀经老师，教生物的是李若牧老师。这些老师，除个别的老教师外，都是山东师范学院或曲阜师范学院的毕业生。李若牧老师讲课非常诙谐幽默，常常引起大家哄堂大笑。刘锡恩老师在一次辅导学生时，被一道几何题给憋住了，我给这道题加了一条辅助线后有解了，刘老师从此对我刮目相看。

我家离学校有五里路，刚上中学时，户口还未允许转到学校，我仍住在家里，早上把从家里带来的饭交给伙房，由伙房蒸热当做午餐。山东经济从1957年就比较困难了，老百姓吃饭成了大问题，记得当时已经开始把地瓜梗磨碎掺到粮食里充饥了。1958年夏秋收下的粮食也未能改变老百姓的饥饿状态。当时我们从家带上几块地瓜，拿到学校蒸熟当饭吃，已经算是不错的了。到了第二年，我的户口和粮食关系转到学校，成了城镇户口，由国家供应口粮，这种饥饿状态才有所改善。

当时我和哥哥都在阳谷一中上学，给母亲和姐姐造成了沉重的负担。为了减轻家庭负担，哥哥在初中三年级上学期就辍学了，他先到山西，后到吉林找了一份工作。哥哥是为了支持我才辍学的，这是他终身的遗憾，也是我终身的心痛。哥哥学习成绩很好，考上一流大学是没有问题的，但由于家庭条件的限制，这条路没有走下去，好在他靠自己的努力，做了多年的会计，获得了国家注册会计师的资格。

由于懂得上学不易，我上课好好地听讲，下课认真地写作业和复习。初中时我的记忆力极好，可以说能达到过目不忘的程度，但学习一上午之后就有些头疼，午睡后头又不疼了，可能是因为营养不良导致的。我学习很努力，学校放假后就回家，白天干农活，晚上点煤油灯复习功课，非常珍惜时间。我在学校除了学习功课之外，还从图书馆借小说和有关自然科学方面的书籍，读了一些中外名著，例如《水浒传》《三国演义》《钢铁是怎样炼成的》，等等。同时，我还积极参加社会活动，一直担任学生干部——少先队中队长、大队委、大队长，到年龄后就加入了共青团。初中三年，因为“大跃进”耽误了一些时间，于是学校把音乐课和美术课取消了，因此我到现在还不会识谱，感到遗憾。

由于初中三年学习成绩优秀，我被学校免试直接保送高中部，成为阳谷一中的高中生，那年我不满 16 岁。

3. 读高中

1961 年 9 月，我入阳谷一中高中部学习，当时正是国家三年经济困难时期，我的生活十分困难。1961 年中共中央提出“调整、巩固、充实、提高”八字方针，阳谷一中也随之进行了调整。当年我们年级招生时是四个班，按照上级指示要去掉两个班，当时学校的原则是阳谷籍的学生留下，邻近县籍的同学回原籍，年龄偏大的学生去师范学校。调整后，年级剩下了两个班，每班 45 人，两个班共 90 人。

这次调整对我们这些留下的学生也有触动。阳谷一中是从 1955 年设立高中部的，执教高中部的特别是高中三年级的老师都是老教师，经过四届毕业生的历练，这些老师已经具有比较丰富的经验，同时这几届毕业生的升学率每届都有提高，不少学生升入了如北大、清华等名牌大学，因此，阳谷一中在周围县有一定的名气，周边县的学生也愿意考到阳谷一中。这次调整对周边县的学生是个打击，对本县的学生却是个激励，更加珍惜在本校的学习机会。

国家三年经济困难时期，山东是重灾区。学校每月供应我们这些吃商品粮的学生 26 斤粮食，这对于正在长身体的学生们来说是根本不够的。记得当时晚餐是在操场上用餐，每个班一大桶粥，由食堂人员分给每个学生。记得一次我们快吃完饭时，看到一个学生拿着一只碗刮桶底，这个学生名叫孟昭来，因为他会说山东快书，所以大家都认识他。他高我们一个年级，后来考上曲阜师范学院。拿碗刮桶底，孟昭来同学没顾虑吗？肯定有，但当时肚子饿也就顾不上那么多了。还记得一个周末的晚上，我们几个没有回家的同学到阳谷县大街上转转，转了一会儿肚子饿了，但大家手中都没钱，买不了吃的东西，于是到学校敲大伙房的门，大师傅开门后收饭票卖给我们几个地瓜面的窝窝头，也就充饥了。

在那种艰苦的条件下，大家都没有放松学习，因为认识到只有考上大学，才有出路；考大学是要靠成绩的，分数是硬指标。阳谷一中前两届学生的升学率还是不错的，达到百分之六七十，因此我们对自己的前途还是有信心的。

读高中这几年，我的学习成绩处于前列，并且担任过班团支部书记和学校团委副书记，在同学中有一定的威信。我自己始终有一个信念，就是学生干部要做表率，凡事要自己先做好，才有资格去管别人。公益活动自己带头参加，当时学校的黑板报都是我和张玉云同学出的，并且坚持了几年。

高考报志愿时，老师动员我报清华大学，但我想搞军工，就没有报清华。我们前几届同学有八九个人考上了北京工业学院（现北京理工大学），他们回校说北京工业学院是我国第一所军工院校，为国家培养了大批军事工业的工程师，在国内享有盛誉。于是，我决定报考北京工业学院。

高考复习准备时间比较长，老师根据历年高考的情况，准备题目。同学们对老师也比较信任，逐步建立了高考的信心。临考前半个月，我不做数理化方面的题，主要准备政治和语文，当时心情已逐步放松了。

当年阳谷县还没有考场，要到九十里路外的聊城一中参加高考。我当时骑着我舅舅的一个旧自行车赶往考场。考试进行了三天，监考老师中有我原来的几何老师张联伍，他在一年前调到聊城一中任教。他监考数学，期间他注意了我的卷子，考完之后他示意我做的全对。考试结束后，我感觉自己考得不错，肯定能考上大学，于是回家后连睡了几天，心情松弛下来。不久接到北京工业学院的录取通知书，我考上大学了！我是我们村第二位大学生，乡亲们都来祝贺。

当年高考成绩不通知本人，我到北京工业学院报到后，辅导员老师告诉了我的高考分数，我是我们系录取分数最高的两位之一。据我后来了解，我的分数当年也可能考上清华，但如上清华，后来的命运又会是怎样的呢？谁能知道。

中学期间，我有几个要好的同学，始终不能忘怀。柴宝柱，当时任校学生会主席，同为学生干部，我们配合默契，为同学们服务，为学校做了不少工作。柴宝柱当年被保送到山东省委党校学习，是作为县委书记的培养对象，后回到阳谷县做过中学教师，做过基层干部，后来当了副县长，遗憾的是不幸患肝癌于1993年去世，享年不满50岁。范霞光，因所谓的社会关系复杂，高考未被录取，回到原籍做了一名中学教师。“文革”初期清理阶级队伍，他的家庭出身和社会关系被彻底澄清，“文革”后期入了党，台前建县时调入教育局，又先后调入组织部、统战部、县纪委任职，兼任监察局局长。在组织部工作期间，他公费函授取得大专文凭，先后被选送省委党校、北戴河中纪委干部培训中心和大别山干部学院进修，退休至今返聘县“关工委”继续发挥“余热”。霞光遭遇挫折，一度绝望，但很快调整心态振作起来，走出了阴影，靠发奋努力和自信谱写了人生。郭长福，初中同学，初中毕业时参军入伍，后来转业当了小学教师、小学校长。当年他如果不去服兵役，考上重点大学没有问题。我们现在常有来往。

4. 几位老师

我们这一届毕业生升学率在80%以上，其中考上北京和上海的国家重点大学的学生比考上山东省高校的学生还要多，领导、老师、家长都比较满意。好成绩的取得要感谢学校领导和老师。我高中期间的任课老师大都是随湖西中学迁来的老教师，也有几位新分配来的大学毕业生。这些老师富有教学经验，有的老师不拿教案到课堂上侃侃而谈，引起学生的极大兴趣，到大学后甚至觉得有些大学老师讲课还不如中学老师流畅。

陈焕民校长是一位老革命，是从山东省委宣传部派下来的干部。他文化程度比较高，常常在学校做国际形势报告，县上的人也经常来听。

张长欣教导主任负责教学工作，他是一位语文老师，是从湖西中学过来的，他的字写得很好，1958年阳谷县重修狮子楼，其牌匾和纪念碑都是请张主任写的字。

李锦堂老师是我的初中班主任，也是从湖西中学过来的老教师，他当班主任很有经验，学生都听他的话。李老师的老家是梁山县，距阳谷县一百里路，当时还没有公共汽车，靠步行回家。他的老伴在家务农，他自己一人在阳谷工作，很清苦，后来他有个儿子随他在阳谷一中上学。李老师当过我哥哥和我的班主任，他对我们兄弟俩的印象很好，我和哥哥一直都没忘记李老师。

梁于生老师，安徽省嘉山县人，1957 年毕业于山东师范学院化学系，是我高中的化学老师和高中三年级的班主任。他年长我 10 岁，我们彼此感情比较深。我毕业后回老家常去看他，他到北京来时，我总是热情地招待他。梁老师有个女儿就读天津大学化工系，是定向培养的学生。毕业那年，梁老师提出能否为她女儿在北京安排一份工作，我将她女儿推荐给燕山石化的领导，看能否在燕山石化设计院工作。后来梁老师的女儿和女婿移民加拿大。梁老师对这件事很感谢我。梁老师人品好，课也上得好，深受学生们的欢迎。我们毕业后，梁老师被调到聊城师范专科学校任教。遗憾的是，梁老师于 2020 年 3 月因病医治无效去世了。

刘挹尘老师是高中语文老师，也是从湖西中学过来的老教师。冬天时，他穿一件黑色棉袍，戴一副深度近视镜，讲起课来有板有眼，讲得细致入微，像个老夫子，他的课很受欢迎。

张联伍老师是高中几何老师，也是从湖西中学过来的老教师，他的声音沙哑，很有韵味，讲话滴水不漏，逻辑性强。

曹继彬是高中教三角的老师，也是从湖西中学过来的老教师，他讲课时不停地板书，边写边讲，没有漏洞。

这些老教师，知识渊博，教学经验丰富，给我们的学习提供了很大的帮助，深受同学们的尊重和爱戴。

阳谷一中的领导和老师们在平凡的岗位上默默地工作了一辈子，他们为培养学生发尽了光和热，为国家、为社会、为学生献出了自己的一生，现在他们大都作古了，让我们永远怀念他们！

5. 大学生活

北京工业学院的报到时间是1964年9月5日。因为我六舅在北京工作，所以我想到北京后先去看看他，于是9月1日就从家动身了。因为家里穷，以前我从来没坐过汽车，更没有坐过火车，但这次远行却没有丝毫胆怯。我提着一个小木箱从阳谷县城乘长途汽车到济南，再从济南坐火车到北京永定门火车站。记得当时永定门火车站至天桥还有有轨电车，于是我坐了一段有轨电车，然后再坐公共汽车到北京工业学院。学校里接待我的是史老师，他是系办公室负责学生工作的。住到寝室后，第二天我便去我六舅家。六舅家在北新桥，离苏联驻中国大使馆很近。六舅当时不在家，是舅妈和表弟、表妹接待的我。得知我从山东老家考到北京上大学，他们都非常高兴，向我表示热烈祝贺。表弟海鹏比我小一岁，1965年要考大学，向我了解了高考方面的事情。他们让我多住几天，在附近转转，所以我直到9月4日下午才返回学校。我外出去舅舅家，未告诉史老师，这可急坏了史老师和辅导员王允良老师，他们担心我这个从山东农村来的小伙子在北京城里走丢了。当我返回学校时，两位老师才放下心来。

北京理工大学主楼

1964年国家经济情况大有好转，学生伙食费每月15元5角，吃得很好，我们新生都非常满意。我是从山东来的学生，山东是重灾区，多少年没吃过饱饭。记得当时我总觉得肚子很饿，中午吃3个馒头还不饱，过了一段时间才正常了。我入学时身高174厘米，110多斤，一年后长了3厘米，到1968年毕业时，我的体重已经长到了135斤。我们住在当时的六号宿舍楼，每个房间6个人，上下铺，同宿舍的有郭明臣、陈为贤、陈丙贵、刘万根、陈汉德同学，大家来自五个省，可以说是来自五湖四海，相处得很融洽。教我们无机化学课的是杨玉老师，一个专业3个班的同学一起上课。杨老师是一位女老师，大概40岁，课讲得很好，受到同学们的欢迎。郭炳南老师做助教，辅导我们功课。高等数学由学校数学教研室的一位黄老师讲授，他年龄不大，可能不到40岁，四川人，讲课有口音，同学们反映也可以。同时开的课还有物理和画法几何。自己学习还是很努力的，那时学校每周一两次在露天剧场放电影，不收门票，我记得总共只看过一两次。因为我在中学担任过团支部书记和学校团委副书记，所以一入学，辅导员老师就让我担任班级团支部书记，后来又担任系学生会主席。我这个学生干部还是尽心尽责的。

1964年10月，我到人民大会堂观看大型音乐舞蹈史诗《东方红》的演出，是学校安排的。我第一次到人民大会堂，第一次看到那么多著名演员出演精彩绝伦、魅力隽永、宏大壮观的歌舞演出，心情十分激动，我这个农村来的穷学生大开眼界，这要感谢组织对我的信任和厚爱。那时候我们经常参加欢迎外宾的活动，有幸见到周恩来、刘少奇等党和国家领导人。1964年、1965年国庆节，我们大学生参加游行队伍，晚上参加联欢活动，毛主席及中央首长都在天安门城楼检阅游行队伍，我们远远地看到了伟大领袖毛主席，感到无比幸福和自豪！

1965年11月，我加入了中国共产党，成为一名预备党员。我在中学时就写了申请，到大学后继续写申请，经过组织考察和培养，我在20岁时，加入了伟大的中国共产党。我是六系六四级第二个入党的学生，我出身贫苦，幼年丧父，是中国共产党给了我机会，使我成为一名大学生，我感谢共产党，感谢毛主席，我入党后，更加坚定了为共产主义事业奋斗终身的信念!

6.“文革”期间

1966年6月，我的大学第二个学年即将结束。6月2日一早，在从生活区到教学区的路上，我听到校广播室播送头天晚上中央人民广播电台《晚间新闻》的内容，即北京大学聂元梓等七人的大字报和评论员文章“欢呼全国第一张大字报”，“文化大革命”在全国铺开。

学校广播之后，就自发地开始了停课闹革命。根据中央指示，由各学校的上级领导部门派出工作组来领导各单位的“文化大革命”。当时北京工业学院属于国防科委领导，国防科委派出了以宣传部长宋力生为组长的工作组，由国防科委副主任罗舜初总领导。工作组到位以后，要各单位成立筹委会，因为我是系学生会主席，就当了系筹委会主任。其实这个筹委会也没做什么事，主要是派来的工作组主事。没过多长时间，说工作组执行了“刘邓的资产阶级路线”，于是工作组又都撤回去了，但各单位要肃清工作组的资产阶级反动路线的影响，于是要工作组来校做检查。我记得当时的国防科委副主任罗舜初、刘华清都到北京工业学院做过检查。由于我做过系筹委会主任，自然地被戴上了保守派的“帽子”。

1966年8月18日，毛主席在天安门城楼接见红卫兵，我也参加了这次活动。8月18日之后，全国掀起了红卫兵大串联的高潮。外地红卫兵来北京的很多，北京红卫兵去外地的也不少。10月1日之后，我和我们年级辅导员老师王允良以及未走的七八位同学一起外出串联。我们约定到地方上只是参观学习，不参与当地的“文革”运动。我们第一站到达长沙，参观了板仓杨开慧故居，学习杨开慧和其父亲杨昌济老先生的革命事迹；到橘子洲头，欣赏毛主席“恰同学少年，风华正茂；书生意气，挥斥方遒”的英雄气魄；到湖南第一师范，了解毛主席的学生生活和他为救中国而刻苦学习的动人事迹。离开长沙，我们到湘潭韶山冲瞻仰毛主席故居，了解了毛主席一家“为有牺牲多壮志，敢教日月换新天”的为革命献身的伟大壮举！

后来我们离开湖南来到江西井冈山地区，参观了茅坪、茨坪、黄洋界等革命遗址，了解了朱德的扁担、两支革命队伍的会师，粉碎敌人的多次围剿，建立革命根据地的伟大革命活动。

10月底，我们回到了北京。11月初，我们参加了军委老帅接见军队院校红卫兵的大会，第一次听到叶帅、陈帅的讲话。1967年闹得比较凶的是批判工作组的右倾路线，那时邓小平、陶铸到中国人民大学讲话，我也跑去参加了，我是第一次听到邓小平、陶铸的讲话。1967年我还参加了周总理等人接见红卫兵的活动。

1966年八届十一中全会后，中央的领导成员发生了重大变化，1967年以后各级领导干部大量倒台，红卫兵分成了两派，各个单位内部斗争越来越激烈。北京工业学院“文革”中没出什么名人，两大派也不出名，分不出哪一派是造反派，哪一派是保守派。在北京工业学院“文革”中最令人痛心的是老院长魏思文被当时激进的学生残暴致死。魏院长早年是北师大的学生，很早就参加了革命，行政七级。后来，这些凶手受到了应有的惩罚。当时我们班也分成了两派，我参加了人数比较多的一派，但两派人员没有形成尖锐对立。

我在“文革”初期，因为担任过筹委会主任，属于保守派，因此对“文革”派性活动不积极，连个像样的大字报也没写过，属于逍遥派。这期间我了解一些新闻，学点英文，看点科普书。学校学生助学金照发，食堂照开，吃饭不成问题。到了1968年4月，学校里的两派斗争日趋紧张。有一天，在六系食堂西面，我看到手持红樱枪、头戴柳条帽的红卫兵列队走过，其中还有我们班的同学。后来听说在早晨的武斗中，我系的苏同学被打死。得知这个情况，我决定回老家暂避一段时间，直到8月军宣队、工宣队进入，我才回到学校。

不久，中央决定六八届毕业生分配工作。当时分配工作很简单，不让填报志愿，由军宣队、工宣队以及个别老师主持分配。我是共产党员，觉得自己应该到艰苦的地方去，我已做好去内蒙古的准备。后来分配方案公布，我被分到北京七机部一院，留在了北京工作。

7. 第一次领工资

毕业分配方案公布之后，七机部一院干部处的张宝生同志受组织的委托给大家送来了第一个月的工资。工资标准是按照北京本科大学生的实习工资，每月 46 元。领到第一份工资，我不禁流出了眼泪，可以说是百感交集。自己从 6 岁开始上学，从小学、中学到大学，闯过了多少门槛，终于有了工作，并且到核心机密的单位工作，这也是自己报考北京工业学院的初衷。从 1966 年 6 月 2 日到 1968 年 12 月两年半的时间“停课闹革命”，期间只有短暂的时间“复课闹革命”，大部分时间处于逍遥状态，现在终于有了工作的机会，心里真是高兴。

拿到 46 元工资，这是我当时见过的最多的钱。于是，我邀请了要好的同学苏学田到魏公村饭馆吃了一顿饭，花了 2 元多。我又马上给母亲寄去了 10 元钱，表明自己也能挣钱养家了。

分配了工作，同学们都挺高兴。尽管不让大家报志愿，所要去的单位和地区也不一定合每个人的心意，但大家都没有怨言，因为当时服从组织分配的思想已经扎根到每个人的心田，同时有了单位就有了个人工作的岗位。

1968年12月28日，我们这些分配到七机部一院的同学由张宝生同志带领，到湖北省孝感市朱湖军垦农场接受再教育，开始了新的生活。

8. 接受解放军再教育

为了落实毛主席关于“知识分子要接受工农兵再教育”的指示，我们毕业分配之后，并未到单位报到，而是直接去了湖北孝感的7252部队农场劳动，接受解放军再教育。

这个农场是空十五军的一个师在孝感朱湖办的农场，距离武汉市九十里路。农场有三个学生连，连长、指导员、排长、司务长和卫生员是现役军人，班长则是学员。在我们去之前，六六届、六七届的毕业生，早我们一两个月到达农场，我们是插班生。我被分到二连，是男生连，一连是男女生混编的连，三连也是男生连，每个连之间大概相距一公里。二连连长覃泮良是个老同志，广西人，参加过抗美援朝战争；指导员王朝柱，湖北枣阳人，比较年轻一些。我所在的二排，排长名叫苗永祥，河南人，大概是1965年入伍的战士，我们回北京后，他又回到部队，据说后来做到了师级干部。我的班长戴证良是北航毕业的研究生，本科是1964年毕业，又继续读研究生，年龄较大，已经结婚，后来做了航天〇六七基地的党委书记，曾担任全国人大常委会委员。一个排下面有三个班，每个排住一间房子，大通铺。在大学里我们住上下铺，六个人一个房间，冬季有暖气供暖，而现在住大通铺，整个房间靠煤火炉供暖，虽然条件艰苦一些，但也没觉得受不了。连队的伙食按陆军战士的标准，每月13元5角，和学校差不多，因为连队自己种菜、养鸡、养鸭、养猪，所以这里的伙食比学校的伙食还好一些。

我们每天的生活是这样安排的，早上起床后上早操，早饭后出工干农活，农田的庄稼主要是小麦，没有种水稻；午饭后休息，下午继续出工；晚饭后自由活动，主要是打篮球、排球或自己散步，活动后就用冷水冲澡。当时年轻，什么也不怕，但后来回单位后大部分人得了腰椎间盘突出的毛病，可能和洗冷水澡有关系。当时媒体常公布毛主席的最高指示，接到最高指示后，一方面要庆祝、学习，另一方面还要下乡，向当地的老乡宣传。遇天气不好时，就由解放军组织我们学习毛主席指示和相关社论，并和自己的思想相对照，不断提高自身的思想觉悟。连队经常组织学员交流学习心得，学习比较好的学员分别在本连队、三个学生连、空十五军的学生连中做介绍。他们结合自身情况，谈自己是如何提高的，各有各的特色，在同学们之间产生了很好的影响。

部队领导对这批学生还是比较重视的，记得师政委康星火也来农场看望学员。一次，农场组织学员去武汉拉木料，不幸出了车祸，刚毕业的学生，还没有工作就遭此大难，家属接受不了，在学员中也产生了很大的影响，但部队耐心地做工作、落实政策，较好地完成了善后工作。

我们驻地离汉水比较近，1969年夏天汉水水势比较大，我们参加了加固汉水堤防的工作。挑着扁担送泥土，重量足有200斤，这对我们这些小伙子根本不成问题。在河堤上干了半个多月，汉水还是发了大水，把我们的农场淹了，我们便由朱湖转到地势较高的辛安渡镇居住。到了辛安渡镇之后，主要吃米饭，北方来的学生还想吃馒头，但蒸馒头的笼屉还在原来的地方，撤退时未来得及带出来。后来，卫生员和我们几个人靠游泳游到了原来的连队，取回了笼屉。游泳过程中看到水里有蛇，我们也顾不上这些了。笼屉拿到后，北方同学又可以吃到馒头了，大家都很高兴。大水退后我们又回到原地，顺着水退的沟渠用网截鱼，收获很大，每天吃两顿鱼，吃不了就晒成鱼干。记得一次打到的桂鱼比较多，司务长给每人炸了一条桂鱼，也是平生第一次享受。汉水退水时已到了冬初，水比较凉，人站在冷水里打渔，不少人留下了下肢静脉曲张的后遗症。

当时我大学刚毕业，思想比较单纯，在农场一年零四个月的时间，过得也比较快活。我和解放军的关系比较融洽，我觉得连长、指导员、排长等人并没有高高在上、盛气凌人，而是关心着每个学员。他们干活、学习以身作则，给大家做榜样。大家心气较顺，相处就比较和谐。我平时支持班长的工作，班上的文字工作，譬如对重大事件的表态等都由我负责。另外一件重要的事，我是 1965 年 11 月在北京工业学院加入中国共产党的，本来一年之后由预备党员转成正式党员，但 1966 年 6 月开始了“文化大革命”，没有了正常的组织生活，不能履行转正手续，所以我一直是预备党员。我在农场这个问题也解决了，成为一名正式的中国共产党党员。

一年多的农场生活很快过去了，我没有厌倦情绪，在这里认识了不少人，也经历了不少事，这是我走向社会的第一步。这段经历在我的人生过程中永远不会忘怀！

9. 回到单位

1970 年 3 月 20 日，我回到了自己的工作单位——北京七机部一院第十一研究所。七机部一院为接回我们这批学生，派了七〇四所政治部主任刁乃如、十一所干部科科长袁春岭和十五所政治部的孙干事来到农场，他们一方面向农场的领导表示感谢，另一方面也向我们这些学员介绍了单位情况。见到单位来的人，我们心里热乎乎的，感到很亲切。这和我们大学有的同学到分配单位报到时遇到的“门难进、脸难看、不安排”的难堪局面完全不同，我们确实感受到七机部过去是军队单位，虽然现在转业了，但老的光荣传统还是延续了下来，不由得对单位产生了好感。

我们在火车站下车之后，换乘单位的大客车到东高地。东高地在北京市南端，是过去皇帝打猎的地方，比较偏远。我们是傍晚到达北京的，在夜色中看到汽车一出大红门，道路两旁都是稻田和葡萄园，偶尔还可听到青蛙的叫声。多年以后，这里的庄稼没有了，葡萄架没有了，乡村气息没有了，全变成了房子和道路的绿化带。我还真留恋当年的田园风光。

马上就要回到单位了，漂泊了这么多年，终于要安定下来做些事情了，心情有些激动。

这三百多名大学生给七机部一院注入了新鲜血液，经过一段时间的锻炼，绝大多数同志都成为了单位的中坚力量和骨干力量。几十年后这批人老了，但他们将自己的心血都贡献给了我国的航天事业，在航天史上留下了他们的功绩。

10. 第十一研究所

七机部一院十一所坐落在北京市丰台区南大红门路1号七机部一院的大院里，和其他单位一样，有一座五层的办公楼，大院内还有三个实验室，此外推进剂研究室在云岗。按专业，我应该到云岗工作，因为照顾夫妻关系，经领导批准，我留在东高地工作。

十一所是我国液体火箭发动机研究所。1956年中央决定，成立国防部第五研究院，负责导弹研制，由钱学森任院长。一分院在东高地，其中发动机研究室是十一所的前身，室主任由老专家梁守槃担任，不久又由发动机专家任新民担任。1958年发动机研究室扩建成国防部五院第三设计部，任新民任主任，马云涛任政委。1965年国防部五院全体人员集体转业，建立第七机械工业部，第三设计部改建成七机部一院十一所。当时所内设发动机系统设计室、燃烧室设计室、涡轮泵设计室、自动器设计室、总体设计室、测试及仪表室、水力实验室、热力实验室、介质实验室以及推进剂研究室。全所共有工作人员1200多人，以1965年以前毕业的大学生为主。

十一所从仿制苏联“1059”发动机开始，到自行研制战略导弹发动机，并完成了导弹的飞行试验。当时最重要的任务是完成我国首颗人造地球卫星——东方红一号卫星的发射。1970 年 4 月 24 日，东方红一号卫星发射成功，十一所林彬同志上天安门参加了“五一”观礼。

十一所，这个液体火箭发动机的摇篮，六十多年来，经几代人同心协力、刻苦攻关，出色地完成了党和国家交给我们的强国强军任务。同时，培养了大量人才，涌现出四位院士和四位部级领导。我所第一任老所长任新民成为“两弹一星”功勋奖章获得者，活到 102 岁；我所老政委马云涛成为部级领导，活到 98 岁。这是十一所的光荣和骄傲！我为能在这样一个充满光环的单位工作感到自豪！

11. 在专案组

我到单位时，已是“文革”的中后期。当时，整个七机部被军管。十一所军管组组长叫史新山，是二炮司令部机要局副局长。副组长有两位，一位姓沈，是二炮机关的，另外一位副组长叫郭敬亭，是二炮西安炮兵工程学院的一位老干部，后来做了西安炮兵工程学院院长。还有一位军管组的领导成员叫于启华，也是西安炮兵工程学院的，负责专案组的领导工作。

我们是新毕业的大学生，没有参加七机部的“文革”，身份比较简单，于是单位让我和肖厚德同学参加专案组的工作。当时专案组还有孙宏明、杨诚方和胡平信等同志。我在北京工业学院上学时就参加过院党委副书记李淑仪的专案组，还曾出去外调，后来没查出什么大问题，也就没事了。当时被专案的对象有两位副所长和一位室主任及一位副主任，都没有实质性问题。另外一位是所政治部副主任，也没有什么大的错误。我们对他们比较宽容，生活上比较照顾，他们“解放”之后，对我们的态度比较友好。在专案组工作了一年半时间，对十一所的情况比较了解，对以后的工作也有所裨益。

12. 结婚

我在农场对女同学金志红有一些印象。她在一连，我在二连，跟她是从农场接受再教育经验交流会上认识的。她是一连的代表，她突出之处是出身干部家庭，能够严格要求自己，自觉地接受再教育，不怕苦不怕累，学会了不少以前不会的事情，还在连队里加入了中国共产党。听了她的自我介绍，在我脑海里留下了良好的印象。

从军垦农场回到北京后，我请李毅敏同学做月老帮助我们联系，结果进行得很顺利，她对我也有印象，很快我们就见面了。

她的父母都是老干部，父亲是 1937 年参加革命的老同志，行政十一级，1959 年“反右倾”斗争中挨了整，被降为十二级。1966 年“文革”期间，她的父亲患了肠梗阻，当时医院已经瘫痪，所以没有得到及时治疗去世了，年纪刚五十多岁，太可惜了。她的母亲是 1938 年参加革命的老同志，行政十四级，上过抗大。我和金志红认识时，她母亲正在广东英德五七干校劳动。她有个弟弟，在山东威海海军服役。她姐姐在国务院信访局工作。我俩认识之后，就到她姐姐家和姐姐、姐夫见面，他们对我还比较热情。

不久，我去吉林柳河看望母亲，我母亲当时在我哥哥那里，帮助照顾不到两岁的孙子。金志红则去广东英德看望她母亲。我们俩人都把我们的关系告诉了双方家长，他们都表示同意。

当时，我们这个年龄的人，谈恋爱没有什么风花雪月。记得有一次我们在院的小花园里拉了拉手，就受到了巡逻武警的干预。当时整个社会不开放，观念还是很陈旧的。我俩从 3 月开始接触，到 10 月已经恋爱了半年多时间，于是我们决定结婚。因为我们工作时间短，没有什么积蓄，她的母亲给了几百元钱，我们每人买了一块瑞士手表，我的是男式梅花手表，至今我仍然保存着，她买的是女式罗马手表，1995 年我母亲去世时，她将这块手表给我母亲做了陪葬品。婚房是十一所给的一间 12 平方米的小南房，两家合住一个套间，共用厨房和厕所。家具是单位配的旧家具。双方的铺盖搬到一起，就这样组成了家庭。

因为双方的家长都不在北京，我们举行了很简单的婚礼。婚礼是在我隔壁邻居稍大的一间房子里举行的，当时买了点糖果，准备了茶水，由十一所机关的一位同志做主持人，双方单位的领导和同事参加，大家热闹了一个晚上，就算是举行了结婚仪式。

13. 搬迁“三线”

十一所是液体火箭发动机研究所，上级决定全迁“三线”。“三线”选址在陕西省宝鸡市凤县的一条大山沟里，叫红光沟，宝成铁路通过这里，火车站站名叫凤州。

发动机的研制是所、厂、站一体化的机制。研究所负责发动机的设计和关键组件的试验，生产厂负责产品的生产和总装，试验站负责产品的热力试验，有着一套完整的体系。十一所全迁就意味着发动机整个研制体系的搬迁。按照国家的部署，七机部从1965年就开始三线的选址和建设，到1971年基本建成开始搬迁。

当时正处于“文革”时期，职工们对毛主席提出的“三线”建设的伟大部署热烈响应，积极支持，踊跃报名，个别家庭出身有些问题的同志未被批准去“三线”工作，十分伤心，甚至嚎啕大哭。我是新来的同志，属于搬迁对象。我爱人金志红在七〇四所工作，为了去“三线”，就把她从七〇四所调到了十一所，暂时安排在了七室工作。

集体搬迁时间是在1971年5月底，单位给每家都发了搬迁箱子、打包绳子及其他包装工具。当时住宿的是单位的房子，家具也是单位配置的，其他东西也不多，所以搬起来也简单。当时我爱人已经怀孕五个多月，我们就向领导申请生完孩子再到“三线”去，得到了批准。1971 年 9 月 13 日林彪事件发生，对我们也有重大影响，就是搬迁“三线”工作停止，这样我们就不用搬到“三线”去了。1971 年 11 月 22 日，我儿子于国斌出生，我母亲来到我家，帮助照料月子。

“三线”处于贫穷的山沟，生活条件差，同时海拔较高，有些同志不适应。当时学校还没建立，孩子上学成了大问题。宝成铁路凤州站是小站，售票数量特别是卧铺数量更是有限，出差太不方便。在各级领导的支持和帮助下，这些困难逐步得到改善和缓解。“三线”人凭着艰苦奋斗，在红光沟飞出了金凤凰，研制出多种型号的发动机，支撑和装备了多种型号的火箭和导弹，成为“三线”建设的模范。

1993 年，○六七基地从陕西红光沟搬迁到西安长安县，结束了这段光荣历史，目前红光沟作为历史文物遗址“红光沟六院旧址”对外开放。

14. 支援“580”任务

1972年年初，我从机关专案组要回到基层去，领导征求我的意见，愿意到哪个单位去。因为单身的时候我和刘小渝同志比较熟，我表示愿意到刘小渝为组长的二室六组小游动发动机组工作，领导满足了我的要求。当时二室是战略导弹发动机设计室，室主任是李伯勇，在北京的副主任有江希播、王鸿琪。随着十一所的搬迁，大家的工作都不怎么紧张。我到组后主要是学习原来的产品、图纸、试车志、研制总结等，对液体火箭发动机入入门。组长是刘小渝，成员有敬方武、马琳、田昌义，他们都是经验丰富的发动机专家，给予了我很多帮助。

当时中央确定1980年5月要将远程运载火箭发射到南太平洋，这是“三抓”任务之一。为了完成“580”任务，“三线”以人员紧张为名，要求北京增援。自1971年大队伍搬迁之后，对“三线”建设的认识发生了很大变化，由于“三线”地区生活条件差，生产条件也差，所以对“三线”望而却步。当时确定我们组出一个人，因为我是新人，也需要寻找学习的机会，于是我就报了名。

本来我是要搬迁到“三线”的，后因生孩子推迟了搬迁日期，林彪事件发生后，上级决定我们不再搬迁。

1973 年 3 月儿子已经一岁四个月，因为母亲为我哥带孩子，不能帮我们带，于是我们就白天将儿子送到 63 栋的杨奶奶家，午饭和晚饭在杨奶奶家吃，晚饭后接回来，每月支付杨奶奶 18 元 5 角。当时我们还未转正，每个月 46 元的工资，经济上比较紧张。我要长期出差，我爱人一个人带孩子很难应付，于是我和老家联系，请我的舅妈帮忙带，联系好后，我即把孩子送回了老家。

4 月，我们一行五人来到〇六七基地十一所。乍到红光沟，感到这里山清水秀，大山之中安河流过，绵延 17 公里，山两边厂房、办公楼、职工住房星罗棋布。一进沟是〇六七基地指挥部，所在地是凤县的龙口镇，再向里走是 7103 厂、714 医院、165 站、计量站，最后是十一所。办公楼、住房都很简陋，住房里面没有厕所，晚上解手要到外面的厕所。这里生活条件很艰苦，偶尔能吃到一次红烧肉，但猪是吃草籽长大的，没有什么香味。老所长刘传儒说，大家尽情地吃，不会长胖的。职工个人需要的肉食鱼类，都是从北京购买。到北京出差的人返回时，不少在京职工家属往火车上送包，托他把东西带过去，多的时候有二三十包。正是由于条件艰苦，生活所需，大家互相依靠，因此同志之间的关系非常密切和融洽。

我们到组后就和原来的同志一起工作。当时的组长是孙惠君，成员有姜维素、宋美英。宋美英是我在军垦农场的班长戴证良的妻子，她和老戴是北航同学，毕业后分配到洛阳六机部的一个研究所工作，为解决两地分居到“三线”来的。这些老同志对我很欢迎，我在她们的指导下配合生产和试验等工作。记得这期间，我和葛明龙同志有一篇《离心式喷嘴的理论综述及改进》文章，老葛写的文章，我负责校对，发表在内部刊物《火箭推进》创刊号上。

工作告一段落后，我们回到北京。三个多月的时间，“三线”给我留下了深刻的印象，航天人为航天事业献身的精神体现在方方面面。1980 年远程运载火箭发射到太平洋，达到了预定目标，“580”任务圆满完成，在国内外产生了重大影响。

回到北京，我即回山东老家接儿子，孩子在老家住了半年，满口家乡话。由于老家生活条件比较差，孩子比较瘦弱，他母亲有些心疼，但没过多长时间，孩子就恢复了正常状态。

15. 参加友谊宾馆会议

从“三线”回京之后，我在9月由单位派遣到友谊宾馆参加了一次有关通信卫星的会议，在我的记忆中留下了深刻的印象。

1970年11月，国防科委在京西宾馆召开了“三星一船”方案讨论会，会议决定了通信卫星的任务和质量。1974年5月19日，周恩来总理在邮电部《关于建设我国通信卫星的建议》上作了批示。同年6月11日，国家计委召开了研制通信卫星座谈会，会上明确了运载火箭和卫星研制由七机部负责。1974年9月4日至14日，七机部在北京友谊宾馆召开了通信卫星工程方案讨论会。

通信卫星是在和地球同步的36000公里的大圆轨道上工作，必须用三级火箭发射。原来的方案是在某型号的基础上加一个常规发动机第三级。常规发动机研制难度小，周期短，但运载能力小，不适应长远发展。当时北京十一所在氢氧发动机研制方面已有重大进展。液氢液氧推进剂是高能推进剂并且没有污染，世界上的相关国家都在此做积极的努力，当时只有美国走在前面。早在1961年，钱学森就指示要开展这方面的研究，科学院力学所已经行动。1965年十一所成立了氢氧发动机研究组，1970年十一所成立了氢氧发动机研究室，推力4吨的某发动机已经进行了若干试验。七机部把氢氧发动机也列为候选目标。会议由任新民副部长和造反派头目舒龙山主持。当时是“文革”时期，造反派在部直机关掌权。〇六七基地十一所负责常规发动机研制，他们派出了一支强大的队伍，力争保住主导地位。北京十一所氢氧发动机方面也派出了强大的队伍，力争夺标。我是十一所二室派出的代表，为游动发动机寻找机会。会议开了十几天，会上大家争论得很激烈。最后任新民决定，常规发动机方案和氢氧发动机方案同时并举，都作为准备方案，互相激励，然后根据两种发动机的进展情况再定。

在液氢液氧推进剂中，液氧以前用过，液氢的沸点20.37K（–252.78℃），以前没用过这种推进剂，在推进剂的应用管理方面，还有很多问题没有被认识。当时正在研制某发动机，推力4吨，跨度有些大，后来决定采用游动发动机做基础，每个单机推力1吨，4个单机组合起来组成第三级，跨度小一些，容易突破技术关键，确定型号代号为某发动机，这样游动发动机得到新的应用。

经过一年半的努力，某发动机的研制有了明显的进展。1976年4月6日，七机部由任新民副部长主持召开运载火箭第三级方案讨论会，会议决定第三级采用某发动机作为主攻方向。常规发动机仍然继续研制，后来常规发动机成为长征四号火箭的第三级，直到现在仍在服役。

1975 年 3 月 31 日，中央军委第八次常委会议讨论并通过了《关于发展我国卫星通信问题的报告》，上报后很快得到毛主席和周总理的批准，根据中央军委讨论通过的时间，我国卫星通信工程命名为“331”工程，和远程运载火箭发射到太平洋的“580”工程，以及由潜艇水下发射巨浪一号固体潜地导弹工程并称为国家的“三抓”任务。这为氢氧发动机的研制增加了新的动力。

某发动机克服了重重困难，攻克了许多技术关键，诸如液氢爆炸、发动机漏火、涡轮泵次同步共振、发生器鼓底掉盖等问题，于 1983 年 10 月交付了第一次飞行试验的发动机，1984 年 1 月 23 日，“长三”首次发射，因为第三级氢氧发动机二次启动出了问题导致发射失败。经整改之后，1984 年 4 月 8 日参加第二次发射获得成功，将我国第一颗通信卫星送上了天，园满完成了“331”工程。发射成功后，美国国家航空航天局局长发来了贺信，贺信中说：“你们完全可以为中国航天计划中的这一里程碑感到自豪，仅有少数几个国家达到了这次发射显示出的技术能力。”

某发动机开启了氢氧发动机的先河，为后续更大推力氢氧发动机的研制奠定了基础。某发动机已于十几年前退役，但它在中国航天发展史上写下了光辉的一页！

16. 在干部科工作

1976年，周总理、朱委员长、毛主席三位伟人相继去世，10月6日在华国锋、叶剑英等老一辈无产阶级革命家的领导下，党中央一举粉碎了王、张、江、姚“四人帮”反党集团，从1966年开始的“文革”结束了，这对全国人民来说是天大的好事，新的生活就要开始了！

打倒“四人帮”后，受迫害的老干部陆续恢复了工作，机关也逐步恢复。1978年4月，领导找我谈话，要调我到干部科工作，我服从了领导安排。我到位之后，又调来了一位负责劳资的同志和一位管理档案的同志，我们三人配合得很好，工作行动快，解决问题快，没有旧机关的拖拉习惯。1979年7月，我被提拔为干部科副科长，时年34岁，据说是七机部一院最年轻的中层干部。

我在干部科主要做了四方面的工作：一是解决夫妻两地分居问题；二是解决落实政策和“三线”回流人员问题；三是评定技术职称，解决广大技术人员多年职称荒问题；四是接收1982年以后分配来的大学毕业生，做好工作安排和培养工作。

七机部是在原来的国防部五院基础上组建的。各个单位男多女少，相当一部分同志在外地或者单位外解决婚姻问题。十一所搬迁解决了一部分同志的两地分居问题。“913”事件之后集体不再搬迁，未搬迁同志仍有相当部分未解决分居问题。解决两地分居问题，不仅要解决配偶问题，还要解决子女随迁和入学问题，有时因专业不对口还要和兄弟单位交换安排。在解决技术人员的分居问题之后，又解决了工人师傅的两地分居问题。经过两年多的努力，绝大部分同志的两地分居问题得到了解决。看到他们一家家团圆，并且来到了北京，我们都为他们感到高兴。

“文革”中，有的同志因家庭出身有“问题”，去“三线”政审未通过，于是被安排到北京市的普通单位工作。打倒“四人帮”之后，如发动机专家李全祺夫妇、常棣英夫妇，都得到了妥善安排。去“三线”身体不适或者家庭有特殊困难的职工，要求回北京工作，经多次要求，前后方协商，安排了上百人的工作。但为了稳定“三线”，在办调动手续方面并不是那么顺利，往往留下个尾巴，职工要求组织协助，我就多次去“三线”协调这类问题。

科研技术人员的职称评定，只在“文革”前仿制苏联“1059”导弹型号完成之后评定了一批工程师，数量有限，“文革”开始之后就停止了。打倒“四人帮”之后，上级制定政策，决定给科技人员评定技术职称，1980 年 6 月，解决了广大科技人员的技术职称问题。

1982年春节后，国家开始分配1977年入学的大学生的工作，我所分到两名大学生。1982年夏天、1983年夏天，又分配来了近20名大学生，这是我所的新生力量，我们把他们按专业分配到各个科室，并且安排了指导老师。这些当年新来的大学生，有的现在已经退休，他们当中的王珏、王维彬、刘宝琴、肖振军、刘孝弟、宋绍富等同志早就成为著名专家，担负着重要工作。这些同志仍记得当年入职的点点滴滴，他们聚会时常热情地邀请我参加。

1984年4月，我到十一所五室担任副主任兼党支部书记，离开了干部科，六年时间，我做了一些有益的工作，在我的人生中是一段难忘的经历。

17. 一次不寻常的慰问

1981年8月中下旬，七机部〇六七基地所在地红光沟，遭遇了特大水灾，特别是8月28日这天，大雨如注，安河水带着从山上冲下来的树木等杂物，咆哮而下，惊心动魄。这一天，十一所五十八车间被滑坡的山体掩埋，车间副主任李秉钧同志壮烈牺牲。桥梁、道路被冲毁，民用水电全断了，单位生产被迫停工，职工生活出现了巨大的困难。此时，北京十一所有10位同志还在7103厂配合某型号一级发动机的生产，因此所领导决定派出慰问小分队到现场慰问。

小分队由严家驹副所长带队，某型号发动机副主任设计师刘国球、干部科副科长于继曾、行政科副科长莫祥书、资料室岳听元参加，其中，严家驹和岳听元刚从“三线”调回北京，他们两位对红光沟及宝鸡一带比较熟悉。9月10日左右，我们一行五人乘火车到宝鸡，大水给宝成铁路造成的破坏很严重，从宝鸡起已没有前行的火车，我们有幸坐上了工勤车，开了十几公里，因为道路破坏严重，前方的路也无法通行，于是，我们下车步行，向107厂的驻地黄牛铺进发。这里距离黄牛铺足有十几公里，我们走了三个多小时才到黄牛铺，住在107厂招待所，受到了107厂职工的欢迎。招待所大楼背后就是一面山，离大楼挨得很近，有点吓人，我估计这座山是石头结构，否则也很危险。

我们准备了雨具、拐棍、干粮和水，第二天一早就出发了。黄牛铺离龙口大概有40公里，加上路况不好，天又下雨，我们天黑能到就不错了。老严、老岳在山区锻炼了几年，他俩比我们适应山地生活，而对我们三位同志来说，这是个严峻的考验，好在天不下雨了。我们走到油房沟，看到桥梁被冲垮了，路上出现了好多小河沟。我们在油房沟休息的时候，碰上了七机部办公厅主任杜鸣珂以及十一所资料室主任杨瑞亭等人。杜主任是老干部，年近花甲，他也在走路，这对我们是个鞭策。人多力量大，人多一块走也就不觉得怎么累了。天黑时，我们走到了龙口〇六七基地招待所，受到〇六七基地领导的热烈欢迎。

第二天一早，我们要去看望驻厂工作组的10位同志（这10位同志是常世科、李钊、张国乾、孙吉人、张以丰、王家兴、王正生、杨开汀、盛迪南、付本权）。安河水依然咆哮着奔流，在山谷中听到这种声音，令人感到心惊胆战。我们来到厂驻地（邓家台）扑了空，原来邓家台出现危险时，他们机警地撤到了208生活区，我们又赶到208生活区找到他们，大家热情拥抱，每个人都激动地流下了眼泪。在困难的时候，他们没有退缩，而是进行自救，安全地度过每个日夜，现在单位领导来看望他们，并要接他们回家，他们顿时感受到了组织的关怀和温暖。下一站，我们来到了十一所办公楼，和受灾中的各位领导和同志们相见，并代表北京十一所的领导和全体职工向他们表示慰问和致敬。1980 年红光沟就遭受了水灾，宋承河、李宝良两位同志为抢险救灾失去了宝贵的生命。1981 年的灾情更为严重，去年的伤疤还未治愈，今年又增加了新的困难。第二天，我们又到李秉钧烈士牺牲的地方进行了吊唁。

在完成了对受灾同志们的慰问之后，我们依依不舍地离开了红光沟，和下厂工作组的同志一道返回北京。回来时，路况已有好转，〇六七基地派车把我们送到黄牛铺，然后我们坐火车返回了北京。

顽强的〇六七人，在灾难中挺直腰杆，克服了重重困难，很快复工复产，很好地完成了上级下达的任务。1990 年红光沟又遭受水灾，在战胜水灾之后，〇六七基地于 1993 年搬到西安长安县，开始了新的征程。目前，红光沟航天六院旧址被航天科技集团命名为“航天精神教育基地”，同时被共青团陕西省委命名为“陕西省青少年教育基地”，成为向全社会宣传航天液体动力事业发展历程、展示航天液体动力形象成就、开展爱国主义教育和航天精神教育的新平台。近些年来刘国球、岳听元、莫祥书、常世科、杨开汀同志相继故去，我们将永远怀念他们！

18. 儿子

1971 年 11 月 22 日儿子出生，起名于斌，因上幼儿园后与别的小朋友重名，于是改名为于国斌。国斌出生时体重偏轻，6 斤 2 两，可能是他母亲怀他时常去酒仙桥的 718 厂配合生产，来回挤公共汽车，很辛苦。儿子 3 岁上幼儿园，幼儿园在 61 栋，是十一所自己办的。从幼儿园回来，他常自己出去玩儿。万源路 53 栋东边，十一所食堂附近有一座地堡库，高高地突起，小孩儿可以在此爬上爬下，和小伙伴一起玩儿。那时，社会治安较好，家长也敢放手让孩子们自己出去玩儿。不久，我母亲来我这里帮助照顾孩子，我们省了很多事。

儿子小时候爱打乒乓球，也爱下象棋。五六岁时，他在十一所食堂附近和大人下棋，十一所张连华、王文起伯伯都和他下过棋。

1978 年儿子上小学，在东高地二小就读。当时东高地二小的名气比其他三个小学都大。他那个班云集了不少优秀学生，有一位同学叫刘翔，后来在北京四中读书，成为当年北京市的高考状元。儿子小学毕业之后，考入十八中，十八中是丰台区重点学校。初中毕业后，他考入北京市十五中，十五中是北京市重点中学。儿子小学六年、中学六年的家长会，大都是我去参加，这十二年中他没有闹过事，是比较优秀的学生。上初中时，学校在大红门，儿子不住校，乘坐公共汽车还比较方便。上高中时，学校在陶然亭公园的北边，离家比较远，儿子主要是住校，他也坐公共汽车跑过一段时间。记得他上高中二年级时，我和他妈妈一起到湖南岳阳橡胶厂调试设备，有两个多月不在北京，只有他和奶奶在北京，不能照顾他们，我们内心一直感到内疚。

高中毕业之后，儿子考上了哈尔滨工业大学，到哈尔滨去上学。他走的时候，我们到车站送行，不像有的家长把孩子送到学校。他上大学时还不交学费，每个学期向我们要 600 元钱，其余的开销靠自己做家教挣钱补充，我记得他自己还买了一套西服。我去大庆出差时，在哈尔滨停留，就约他到饭馆吃顿饭，见见面，聊聊天。

1994 年，儿子从哈工大毕业，到航天一院总体部工作，在十室地面设备组任设计员。由于工作努力，小有成绩，他提前半年晋升为工程师，后来又被调到结构设计组，负责某重点型号的身部设计。一部总师韩厚健曾对我说："于国斌的计算机怎么能这么熟练?"当儿子调到国防科工委工作时，总师方心虎对他的调离感到不舍，说不应该让他走，这反映了各位老总对他的喜爱。

本来做型号设计是一项很不错的工作，但儿子碰到了一件郁闷的事情，于是他想到机关工作。我请王珏同志推荐他到成立不久的国防科工委工作，他于2000年调到国防科工委系统一司工作。当时他的处长还担心“所长的儿子是不是公子哥儿”，接触之后，这位处长的担心没有了，认定他是一位好助手。至今，国斌在国防科工委（2008年3月改组为国防科工局）工作了20年，从助理员、副处长、处长，六年前晋升为副司局级干部。2019年，他任嫦娥四号探测器发言人，较好地完成了任务，荣幸地参加了习主席接见“嫦娥四号”研制有功人员大会，幸福地和习主席握了手。

国斌从小学到中学，我们都没怎么管过他的学习，只是上小学时请了一位老师辅导过他的语文。在我的印象中，我们对他从小到大没有打骂过，我和他的关系不像父子，更像是兄弟。2001年国斌结婚，爱人陈予新，是位副主任医师，工作努力，对患者有爱心。女儿于越，高中二年级学生，现在清华附中读书，从小聪慧好学，成绩优秀。

19. 在五室工作

1984 年 7 月，所领导安排我到十一所五室工作，担任副主任兼党支部书记。到基层工作，我很高兴，当时的室主任是倪养耀，副主任是陈炳芳，他们都年长我 10 岁，对我很欢迎。五室是发动机总体设计室，负责发动机总装及其附件机架、电缆、换热器和补偿器的设计。

随着 1984 年 4 月我国第一颗通信卫星发射成功，国家的“三抓”任务发射全部完成。国家没有新的军品任务，因此也没有经费，近千人的研究所经济非常困难。所里响应中央“军转民”号召，开始转行搞民用产品。

过去设计人员都在封闭的大院里工作，和外界没有接触，对社会的需求不了解。由于没有新的军品任务，大家就要想着法子搞民品，有的搞小飞机玩具，有的搞妇女用的丰乳器。经过一段时间的摸索，十一所在燕山石化公司找到了突破口。有一天，四室的同志到燕化一厂找项目，厂方问你们能搞什么，他们说我们可以搞阀门；厂方问你们搞过什么阀门，他们说我们搞过火箭上的阀门。当时厂方正因为空分装置的切换阀经常出问题而挠头，这个阀门是从德国进口的，使用一个多月就会出问题。厂方把这个阀门交给他们，提出了技术要求。我们的同志回来之后便进行分解，发现这个阀局部结构设计有问题，密封圈的公差不合适。找到问题后，更改了设计和材料，三个月后，交出了新的产品。这个新产品我们做了充分的试验，完全满足了厂方要求。厂方收到新产品后专门搭了一条旁路，来做阀门的寿命试验，结果证明新产品具有三年以上的使用寿命。这件事在燕山石化产生了很大影响，各个分厂都来订购这种阀门。后来三室为燕山石化化工二厂做了立式高速泵备件，二室进行了燕山石化二电站的锅炉改造，六室为燕山石化长征厂做了电子计量包装机，这样十一所在燕山石化有了一定的知名度。

一天，倪养耀主任得到一条消息，燕山石化胜利化工厂要上新的项目，需要一套后处理设备。经过进一步了解后得知，燕山石化胜利化工厂和岳阳石化橡胶厂要上万吨级 SBS 工业生产装置。SBS 是苯乙烯 - 丁二烯嵌段共聚物的英文缩写，通常称作丁苯热塑性弹性体，是继天然橡胶、合成橡胶之后被称为“第三代橡胶”的一种新型高分子合成材料，既有橡胶的高弹性而不需要硫化，又有塑料成型加工性能，具有耐低温、透气、抗湿滑的特性，广泛应用于制鞋、沥青改性、涂料和黏合剂等领域。

以前，我国使用的 SBS 完全依赖进口，20 世纪 70 年代末，燕山石化公司研究院开始进行 SBS 聚合工艺的研究开发工作，80年代初取得了成功，并且将聚合工艺技术出口到意大利。1984年岳阳石化橡胶厂与燕化研究院合作，利用生产顺丁橡胶的后处理设备，获得千吨级SBS工业装置试生产成功。1986年万吨级SBS工业装置被列为“七五”重点科技攻关项目。我们了解了相关情况之后，即积极地与燕化研究院联系，通过技术交流得到他们认可之后，我们又和两个生产厂联系，也得到了他们认可，进而得到他们的主管上级机关——中石化生产部的认可。中石化生产部副总工程师程曾越教授给了我们多方面的支持和帮助，几十年来我们一直保持着友谊。

经过多次磋商，明确了各自的责任，燕山石化研究院负责SBS工业装置的工艺和SBS后处理两机——挤压脱水机组和膨胀干燥机组的初步设计；十一所负责两机的详细设计和制造，各方共同配合设备安装调试，技术成果各方共享。1986年9月和12月，两个生产厂分别与航天工业部十一所签订了“关于SBS脱水干燥机组的委托协议”，开始了一万吨级SBS挤压脱水膨胀干燥机组（简称两机）合作开发研制工作。

研制开发两机是难得的机遇，全室同志都非常兴奋。我作为副主任，积极协助主任领导了研制全过程。SBS专用两机，在国内几乎是空白。1982年，燕山石化公司研究院为开发SBS中试工艺技术，研制了一套20千克/小时处理能力的干燥设备，基本适应了中试的需要。在这个基础上放大到万吨规模，难度很大，而且我们得到的国外同类型设备的参考资料也很少，这就要发挥每个参加者的聪明才智和创新精神。两个机子分别由徐惠璐、曹木元同志领头设计，他们都是1960年的大学毕业生，具有丰富的设计经验，其他同志予以协助。

接到任务之后，我心里有点诚惶诚恐，担心一旦不成功会耽误人家的大事，但又一想我们这些技术人员，都是经过几个型号的锻炼，专业技术精湛，加上联合研制单位的配合，没有过不去的坎儿。我全身心地投入到这项工作中，白天晚上想的都是这件事儿。当时我最年轻，又是项目负责人，哪里有困难就到哪里去。由于用户个别人有私心，指定我们必须订购上海某公司的行星减速器，该减速器不是定型产品，而是非标设备。我和曹木元同志到机械部查询是否有国家标准，一查果然有国家标准，银川减速器厂生产我们需要的产品。我们便连夜赶到银川订购了产品，而且节省了20多万元。与转动轴配套的轴承，一般厂家不生产，我跑到瓦房店轴承厂，正好该厂生产这种轴承，我便马上向该厂订货。当晚我住在厂招待所，是个大房子，里面住了十几个人。可能是我白天太累了，晚上躺下就打起了呼噜，影响了别人的休息。第二天早上，一个旅客说，昨晚那个小伙子呼噜打得太响了，我一听这话，赶快离开瓦房店。两机产品安排在沈阳 111 厂生产，该厂技术人员事先没同我们协商，便把筒体的材料由 0Cr13 改成了 2Cr13，引起了轩然大波，我们立即派技术人员到现场配合生产，我在沈阳住了一个多月。

1989 年 8 月，我们交付了第一套两机，马上进行现场安装调试，并于 1989 年 11 月 29 日在岳阳橡胶厂开始投料试车，其中暴露的主要问题是挤压脱水机出料不畅，流程不通。我是现场试车指挥，非常被动。设备一出厂，我即到现场配合，我爱人金志红负责测量控制系统，也在现场配合安装调试，家里有我年迈的母亲，还有一个上中学的儿子，当时真顾不上他们了。

1990 年 1 月 4 日至 6 日召开了参研各方的协调会，决定对挤压脱水机螺槽的深度、螺套的排列及相应的刮刀和剪切螺钉做适当改动。经过三个阶段的化工试车、两次试生产、三次协调会、三次设备的完善整改，1990 年 12 月通过了中国石化总公司组织的试车考核。两机已经具备年产一万吨的生产能力，适应年产万吨 SBS 工业生产正常运行的需要。

金志红负责研制“两机”测试系统，成果鉴定结论中认为：采用 STD 总线模块式工业控制机进行数据采集、处理，通过屏幕显示，效果直观，通过打印机能定时打印和按键响应打印，能通过声光进行报警。采用可编程序控制器（M84）进行联锁、控制，可靠性高。仪表元件选型合理，测点多，操作方便，保证了两机正常工作。

参加 SBS 鉴定会的专家合影

万吨级 SBS 两机研制，从 1986 年 3 月调研开始，到 1991 年 11 月通过部级鉴定，历时五年八个月。两机技术成果获得部级科技进步奖一等奖，获奖者共 10 人，我和金志红都在十名之列，我的名次为第二名。

感谢我的同志和协作单位朋友全程的支持和帮助，这是我在五室八年工作经历的闪光点。

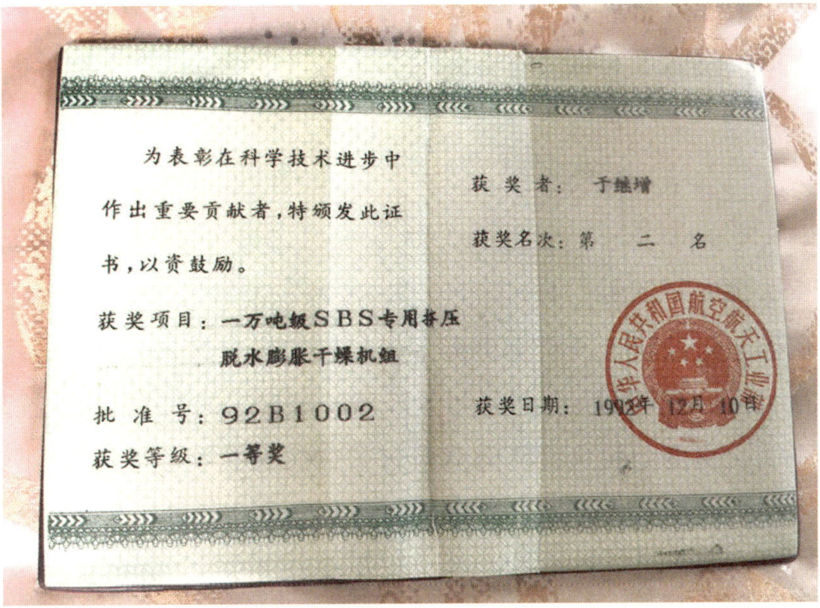

万吨级 SBS 两机获部级科技进步奖一等奖（作者曾用名于继增）

20. 聚丙烯造粒机组的研发

1987年4月，我们召开了SBS两机总体设计方案评审会，会后，设计人员即刻着手进行两机的施工图设计。5月3日，接到中国石化总公司生产部的电话，征询十一所能否接受研制聚丙烯造粒机的意向。室主任倪养耀当即表示，愿意接受这项任务，并表示我们对造粒机不了解，需要进行调研，希望中石化给予帮助和支持。

原来，1987年4月，中石化召开了“液相本体法聚丙烯技术讨论会”。液相本体法是我国20世纪70年代自行开发的一种树脂生产技术，其生产设备简单，原料是炼油厂的副产物——丙烯，过去混在液化气中烧掉了，而本体法装置投资少，见效快，已经建成投产的有13套，年产5万吨，在建的有15套，全部建成后年产能力达15万吨，在某种程度上可缓解国内对聚丙烯树脂的需求。但是，小本体聚丙烯质量不够稳定，灰粉和氯含量较高，腐蚀加工设备，影响产品性能，只有通过造粒，加入适量助剂才能解决这个问题。会议责成中石化有关部门组织协调解决造粒问题，于是中石化生产部来电征询我们的意见。

我们表态后，1987年8月，中石化生产部杨成明同志带队，十一所于继曾、高德民、徐正太等五人参加，前往兰州、洛阳、南京、北京等地，考察了12台造粒机，其中进口设备10台。1987年10月，我们又对巴陵石化、燕山石化、北京化工四厂、石家庄聚丙烯厂进行调研，对从意大利、日本、德国引进的不同产量的造粒机进行了考察。1988年1月，徐惠璐、吴依元、高德民、金志红对巴陵公司橡胶厂从意大利引进的造粒机进行了测绘。通过这些调研活动，我们对造粒机的研制增加了内心底数。

经反复研究，我们提出了“5000吨级/年聚丙烯造粒机”初步方案，包括挤出机为双螺杆，直径150毫米；采用水下热切；具有滤网快换和真空排气功能；能完成粒料脱水和离心干燥；粒料振动筛分、风送入仓、计量包装；生产过程自动控制、参数测量、报警、联锁。根据大家讨论的意见，由我编写了造粒机研制的可行性报告，向中石化生产部进行了汇报，并得到了他们的认可。

接着，在中石化的主持下，十一所与天津二石化、岳化橡胶厂、镇海石化总厂、锦州石化公司等四家单位，签订了研制聚丙烯造粒机组的意向书和联合开发协议。协议约定：十一所负责造粒机组的方案论证、技术设计和机组的试制，对造粒机组的全部图样和制造质量负责，并指导机组的安装调试。参加联合研制的各方，参与机组设计方案的讨论和图样的审查、会签，承担机组的安装和组织调试工作。机组研制成功后，其成果为各方共享。协议生效后，四家单位向十一所各支付20万元作为开发经费。不久，十一所由我编写了《粉料造粒机组总体设计方案报告》，提供联合研制各方审议。方案通过后，我们的同志加班加点、夜以继日地进行产品设计，图纸会签后即投入加工制造。

聚丙烯造粒机组由两部分组成，一是造粒机主机，二是聚丙烯粉料和添加剂的配混系统。原来的分工是造粒机主机由十一所负责，配混料系统由各厂家负责。1988年8月29日，在锦西炼油厂召开的造粒机主机施工图审签会上，各厂家都希望十一所把配混料系统也承担起来。当时考虑室里还有几位同志做其他项目，可以转到这项工作中来，于是我们同意了他们的意见。我们抽调了刘贵、徐耀堃、姚月清、朱春力、耿兰云等同志承担这项任务。尔后，由我带队，有刘贵、徐耀堃等同志参加，先后赴乌鲁木齐、洛阳、南京、无锡、上海和石家庄等地调研，并由我编写了《SHT2-150造粒机组配混料设备设计方案报告》，经各方评审后即开始设备的设计和制造。此后，我和倪养耀同志在《现代塑料加工应用》1989年第一期上发表了《国产SHT2-150型年产五千吨级聚丙烯造粒机组的研制》文章，向外界披露了这一信息。

由于我们没有制造能力，两套设备委托沈阳111厂和724厂生产制造，我们的同志始终在现场配合生产，严把加工质量关。造粒机主机于 1990 年 1 月出厂，配混料设备于 1990 年 3 月出厂，第一个用户是天津二石化。经安装调试，6 月，配混料系统与造粒机主机联试。试车期间暴露了不少问题，诸如配混料系统添加剂粉料输送不均匀，造粒机模板的加温不均匀，如何掌握切刀与模板之间的贴合距离等问题，阻碍着试车的进行，到 7 月底，把试车全停下来了。针对出现的问题，我们再次进行调研和整改，直到 1990 年 12 月 15 日试车获得成功，并进行考核验收，获得通过。该机组的主机共生产了 11 台，配混料系统共生产了 12 套，装备了签订协议的各个用户。

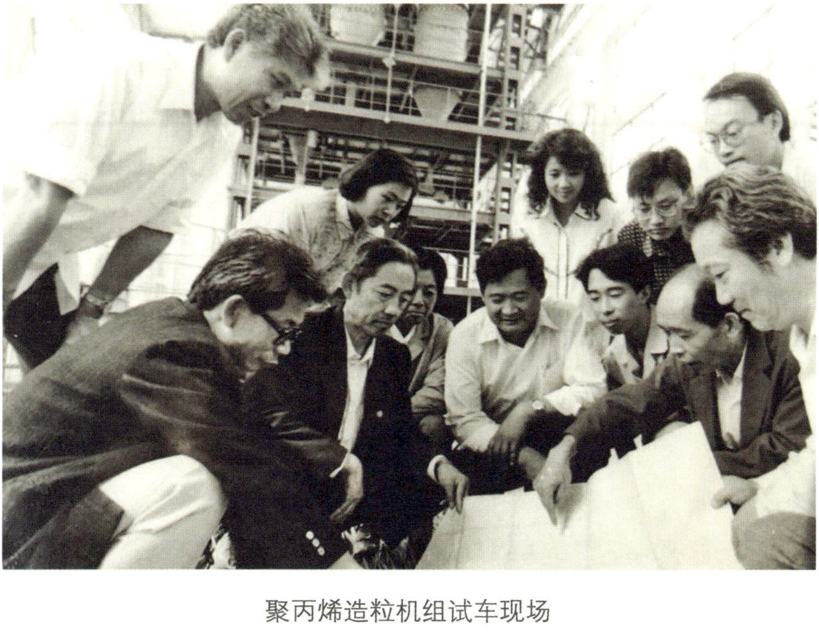

聚丙烯造粒机组试车现场

该机组于1993年9月通过了中国航天工业总公司和中国石油化工总公司联合组织的成果鉴定，并于1994年获部科技成果一等奖。我和金志红在造粒机的研制中都作出了贡献，因为获奖名额有限，而我们两位在SBS两机成果中已经占有席位，所以我们不再进入获奖者名单。

事后三十多年，回想起当年研制SBS两机和聚丙烯造粒机组还有些后怕，我们是门外汉。当时为了开发民品，确实有一种义无反顾的献身精神。当然我们的同志大都是1960年前后毕业的大学生，已经为航天事业奋斗了20多年，具有丰富的专业基础知识和研制经验，有攻关克难的信心。当北京化工大学朱复华教授得知我们要搞双螺杆造粒机时，他提醒我们要小心，因为他们和兰州化机厂搞了多年的直径120毫米的双螺杆造粒机没有成功。但是，我们坚持搞了下去，并且取得了成功，获得部级科技进步奖一等奖。当年一起工作的同志有的已经不在人世，健在的大都是85岁左右的老人。回忆当年奋斗的日日夜夜，我对这些老同事充满敬意，祝各位老伙伴健康长寿！

21. 在大庆“攻关”的十五天

1987年年初，从我所四室的同志那里得到信息，大庆石化要上线性低密度聚乙烯生产线，其生产线和燕山石化化一厂一样，都是从美国引进的，但是风送系统未引进，由国内制造。四室的同志和燕山石化化一厂比较熟悉，我和徐耀堃、刘贵、吴仲云等同志，与四室杨立人、高荣亮到化一厂，详细了解了风送系统的情况，并且进行了初步设计。输送管道内壁带有凹坑，容积200立方米的大料仓内壁也有凹坑，四室的同志为化一厂做过固体物料阀的备件，对这个阀门比较熟悉。在做好准备之后，我和徐耀堃、吴仲云、高荣亮于4月15日启程去大庆石化争取项目。

我们是第一次到大庆，和石化厂不熟悉，我们首先打听项目由哪个部门主管，知悉因为这个项目是国产化项目，由科技部门主管，科技处处长是位女同志，名叫陈正文，主管科长是俞亚卿。我们首先去见俞科长。俞科长是上海知青，没有返城，1978年考入大庆石油学院，毕业之后分配到大庆石化总厂工作。我们几位都比俞科长年龄大，又是搞航天的，我们给他介绍了我们的相关情况，经过几次沟通后，俞科长对我们和我们风送系统的初步设计方案有好感，倾向于由我们来做。不过，他建议我们见见陈正文处长，以征得她的同意。我们与陈正文处长预约，她工作忙，没有时间接待我们，这样拖了一个星期。后来，我们了解到处长的上级是总工程师王忠华，我们想和王总见见面，看看他的态度。那时王总住在办公室，晚上不回家，我们几位就冒昧地闯进王总的办公室。我们向王总介绍了我们的情况，我们特别强调国家“三抓”任务完成之后，国家没有新的任务，号召我们“军转民”，我们正在找机会，为国家做点事情。我们向王总介绍了我们对线性低密度聚乙烯风送系统做的准备和我们的初步设计方案，他比较赞成我们的方案。他说和陈处长说一下，请陈处长听一下你们的方案。第二天，陈处长就听取了我们的汇报，并达成了初步意向。不久，我们又做了风送系统的详细方案设计，获得通过之后即签订了合同，合同金额1000多万元。石化总厂还把美国人的料仓图纸转给了我们，我们按合同要求交付产品，经安装调试和运行，完全满足了合同的各项技术要求。

从4月15日到达大庆，到5月1日离开大庆，这是不可忘怀的半个月。我们和一个陌生的单位打交道，和一个大单位的技术部门建立了关系。这除了航天这个行业给全国人民留有比较好的印象外，我们的信心、耐心、谋略、锲而不舍的精神，都在此发挥了重要作用。如果失去耐心自我放弃，就永远没有机会。我在做了市场开发处处长之后，常常拿这个案例教育我们的市场人员。

俞亚卿同志给十一所很多帮助，我们成为了几十年的朋友。陈正文处长之后也多次来十一所，受到了我们的热烈欢迎和接待。王忠华总工程师后来调到茂名石化，我们还专门去看过他。这次大庆之行，为十一所和大庆石化总厂建立良好协作关系打下了很好的基础。

22. 在市场开发处

1991 年 12 月，我由一室调到市场开发处任处长。十一所原来有一个民品处，是所民品的管理机关。为了促进民品的发展，需要加强市场开发工作，于是将民品处一分为二，一个是市场开发处，一个是计划管理处。我在一室开发 SBS 两机和聚丙烯造粒机组的过程中与二十几个石化厂建立了协作关系，特别是在争取线性低密度聚乙烯风送项目中，和大庆石化技术口建立了比较好的关系，并对十一所打开大庆石化的市场起了很好的作用。于是，领导把我从室里调到市场开发处担任处长。

我到市场开发处后组织了一支比较强的队伍，副处长是张秀媛同志，成员有于京平、顾军飞、乔中业、王利明、李鸿鑫等同志，都是精兵强将。十一所民品开发已经有六七年的时间，把液体火箭发动机的专业技术应用到民用行业，开发了高速泵、特种阀门、安全阀、热载体加热炉等替代进口的产品，既需要促进规模经营，还要广交朋友，捕捉信息，开发新的产品。我们的工作思路是要加强与国家重大项目办公室、中石化、中石油以及化工部重大项目办公室的联系，了解当前重点开发项目，争取进入攻关队伍，获得经费支持，几年间，我们得到了“重大办”上百万元的攻关经费支持；要加强与工程设计院和企业的联系，设计院是工程龙头单位，希望设计院在设计阶段即采用我们的产品；要加强与企业的联系，企业是工程的主体，希望我们的产品最终为企业采用，这样尽可能多地把我们的产品推向重点工程；要做好宣传工作，走出去，请进来，开好产品技术交流会，扩大十一所在石化、化工领域的知名度；要服务基层，组织协调各基层单位、各相关专业，进入国家重点工程和企业；十一所由液体火箭发动机各专业转化出来的民用技术，进入工程和企业的产品种类和数量比较多，一荣俱荣，一损俱损，相互影响，大家要有全局观念，要保证产品质量，做好售后工作，相互促进，实现共同发展。开发处是十一所的窗口，一举一动都代表十一所的形象。市场人员要严格自律，处处维护所的声誉。市场开发处的同志们不怕吃苦，每年出差都在200 天以上，几年间和二三百个单位建立了联系。全所民品合同成交额逐年上升，1991 年合同成交额 3000 多万元，到1992 年增加到 4500 多万元，1993 年、1994 年增加到 5000 多万元。同时，促进了我所民用产品由备品备件到单机，再到成套设备的发展。

由于全处同志的努力，市场开发处年年被评为先进部门，这些同志经过几年的锻炼，都早已成为所的骨干力量。

我于 1992 年被聘任为高级工程师。

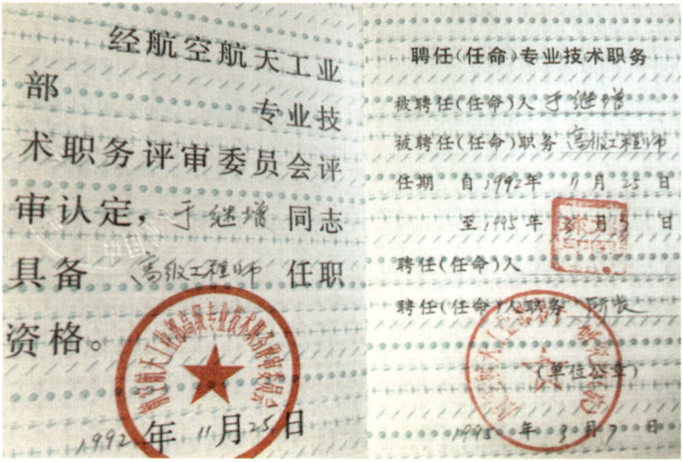

经航空航天工业部　专业技术职务评审委员会评审认定，于继增同志具备高级工程师任职资格。

1992年11月25日

聘任（任命）专业技术职务

被聘任（任命）人 于继增

被聘任（任命）职务 高级工程师

任期 自1992年11月25日

至1995年3月5日

聘任（任命）人

聘任（任命）人职务 所长

（单位公章）

1995年3月7日

1992 年被聘任为高级工程师（作者曾用名于继增）

23. 晋升副所长

1995年3月，我晋升为十一所副所长，时年50岁，我在老同志中是最年轻的。领导班子分工，我主要分管民用产品工作。前面说了，北京十一所有它的特殊性，搬到“三线”的同志，有的人身体不好或者家庭有困难，又从“三线”回来了，这样十一所就一分为二，北京部分成为北京十一所，并且得到中央编制委员会的批准。另外，“文革”中上海要搞火箭，从北京转移技术，抽调技术人员，其中发动机部分成立了上海机电二局21所，后来改为上海航天局801所，这三家都是搞液体火箭发动机的。由于当时任务短缺，僧多粥少，大家经常争任务。因为上海801所主要搞姿控发动机，和卫星、飞船配套，所以它的任务还比较饱满。其他任务往往由西安十一所和北京十一所竞争。在任务分配方面，上级领导部门往往向西安十一所倾斜，因为他们地处“三线”，需要政策支持，他们搬到西安后经济仍然困难。这样就造成北京十一所军品任务少，型号经费少，只有大力发展民品，才能解决职工吃饭问题。经过近十年的发展，北京十一所民品收入已占全所收入的三分之二。我前面有两任民品副所长，工作干得都不错，在我任副所长后，民品是否进一步发展，对于我是个严峻的考验。在所长的主持下，我们制定了十一所民品发展的“九五”规划和2010年远景目标，确定技术创新和产品规模经营，是我们的发展思路，于是又开始了新的征途！

第一个方面，进一步加强市场开发工作。我任副所长后，由周利民同志任市场开发处处长。周利民原任二室副主任，他是1989年国防科大毕业的硕士研究生，毕业之后即分配到二室工作，他在热力流场计算方面作出了成绩，是市场开发处处长的合适人选。在市场开发体系建设方面，我们做了改革，除了所设市场开发处外，各个基层单位都要建立市场开发组，所室两级市场部门相互配合，各有分工，所市场部门侧重于做上层工作，室市场人员侧重于做基层工作和技术交流工作，互为补充，相得益彰。

第二个方面，改变项目的管理体制，实行设计、生产、市场开发和售后服务一体化管理。过去，民品的设计和生产是分开在两个单位，这些单位都是独立的经济核算主体，在责权利方面经常扯皮，往往只能由所里协调才能解决。实行一体化管理，矛盾自己解决，特别是售后服务落实了。

第三个方面，加快产品的规模经营，扩大经济总量。当时高速泵、安全阀、热载体加热炉、烟草机器、电子秤等产品已经定型，重要的是扩大规模。譬如安全阀大小规格平均售价一万元左右，销售3000台才能达到3000万元人民币。特别是我们没有零件的加工能力，仅仅具有产品的装配和试验能力。如果签订合同后再投产，那就晚三春了。于是我们决定，把已经定型的产品部件预先投产，这虽然增加了我们的库存成本，但是给我们赢得了时间。过去一台高速泵的交付时间需要半年，现在只要两个月就够了。

第四个方面，加强与各企业、设计院及其上级主管部门的联系，使渠道畅通。我们的产品主要是液体火箭发动机专业技术的推广应用。发动机工作的特点是在高温、超低温、高压、高转速、耐腐蚀的环境下工作的，这和一个化工厂是一样的，但是，我们的发动机工作时间几百秒、上千秒，而化工厂的连续工作时间是8000小时、16000小时。我们的产品要适应长时间的工作要求，就要进行二次开发。民品开发初期，敢于给我们表现机会的单位是有风险的，是值得敬佩的，我们是以感恩的心情回馈这些单位的。1997年大庆石化和燕山石化相继发生厂房设备爆炸事故，我们得到消息之后，市场开发处处长周利民带队赶赴大庆和燕山石化，参与抢救和恢复。当时周利民同志每天早上参加大庆石化的调度会，主持调度会的白冰副厂长，把周利民当作自己人点名。周利民同志在大庆待了一个多月，我们给了大庆石化及时的帮助。当燕山石化出现爆炸事故后，又是周利民同志率队支援，在燕山住了20多天。经过这两次事故，患难见真情，我们和大庆石化、燕山石化的关系更加密切了。我们和大庆石化的王煜厂长、赵伯超厂长、白冰副厂长、焦桐祥副厂长等领导和燕山石化的曹湘洪总经理、司徒副总经理等领导都建立了友谊，直到现在我还和曹湘洪总经理、赵伯超厂长保持联系。

第五个方面，捕捉信息，开发用户需要的新产品。如废液废气焚烧装置、乙烯裂解炉技术开发、高温蒸汽安全阀、高温大口径平板闸阀、大流量高扬程高速泵等，形成了新的经济增长点。

第六个方面，完善产品资质，加强试验监测条件，为产品进入国际市场领入场证。热载体加热炉、安全阀相继取得美国 ASME 认证，这些产品后来都打入了国际市场。随着高速泵新产品的开发，原有的高速泵试验装置已经不能适用，我们又建设了一座规模更大、适用范围更广的试验台。

第七个方面，继续对民品采取激励政策，把以课题组为核算分配单位，改为以室为核算分配单位，对室主任实行年薪制。民品的激励机制是十一所民品起步、发展的最重要的因素之一。我们每年都要根据经济的发展情况，调整政策，保证民品骨干的利益逐年都有一定幅度的提升。

第八个方面，开发国际市场，寻找机会，引进外资，建立合资公司。我们开发的产品大都是填补国内空白，替代进口。但是，我们的产品打入国际市场，尚需要一定的发酵期。我们和沙特等石化企业接触过，他们对我们的产品感兴趣，但是又认为我们的产品知名度不够，缺少国际标准认证资质。我们和美国胜德斯特兰高速泵公司和泰列达因安全阀公司进行过交流，试图成立合资公司。

第九个方面，重视人才培养，引进外部人才和技术，补充自己的不足。十一所的民品发展是和有一支技术精湛、经验丰富的研发队伍分不开的。十一所开始军转民的时候，正逢某型号下马，整个设计队伍全部投入到民品开发，另外其他型号也有一部分人员转入民品。因此，十一所的民品不是富余人员的出路，而是精兵强将进入了这个领域，是要干出一番事业，为国家在民用产品方面再做贡献。后来，继续补充新生力量，一大批名校毕业的硕士生、本科生充实进来，并逐步成为骨干力量，形成了比较称职的接班队伍。另外，随着新项目的开发，我们有些技术短板，通过引进人才和技术加以弥补。譬如废液废气焚烧系统，废物利用是我们的短板，于是我们就聘请天津大沽化工厂的葛总等两位专家给予帮助。我们还有一些项目聘请了外单位的顾问，帮助我们解决了很多问题。

在我任副所长的四年间，北京十一所不仅增加了一些新的项目和技术，而且每年合同成交额增加一千多万元，到1999 年已经接近一亿元，人均合同额超过 40 万元，达到了国内先进企业的水平。

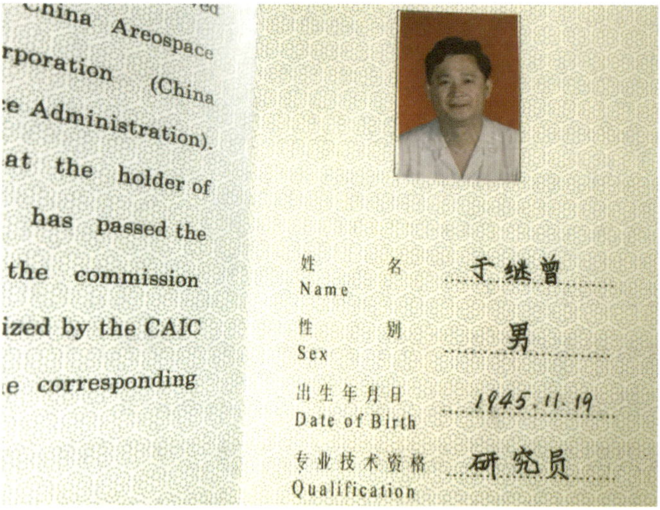

1998 年被聘任为研究员

24. 母亲去世

母亲于1995年6月24日凌晨去世，享年76岁。母亲是1974年12月来我这里，一直住了20多年，期间曾回吉林我哥处两次，回山东老家一次，每次在那里住上两三个月，我再把母亲接回来。母亲在我这里没享什么福，但也没受什么罪。母亲是在我儿子3岁以后过来的，那时儿子已上幼儿园，母亲主要帮助做做饭，料理一些家务。当我和金志红同时出差时，母亲还要照顾孩子。1980年金志红到北航学习一年，母亲要做的事就更多一些。那些年，母亲给了我们很多帮助，这是我们切身感受到的，家中有人和没人是不一样的。

母亲早年守寡，为了我们三个孩子牺牲了自己的青春。在三年经济困难时期，山东生活十分困难，没有粮食，连地瓜秧子都吃了，老年人顶不住，绝大部分人都去世了，我的曾祖父、曾祖母、二祖父都是1958年相继去世的。母亲虽然挺过来了，但也落下一身病，主要是类风湿关节炎，手指关节肿大，鼻子、嘴唇都变厚。1968年母亲到我哥那里居住，户口也转了过去，变成了商品粮，生活得到改善。母亲的类风湿关节炎看过多次，医生也没有办法。后来，母亲来我这里居住，衣食无忧，过着普通人的生活，但是这个病仍然没办法医治，随着年纪增长，病情越来越严重，到70岁以后，下楼都有困难，后来就下不了楼了。临终前几天，母亲说她看到满地都是花，还有小狗等动物，并且看到了她的长辈。听到母亲叙述这些话，我马上和我哥哥通消息，让他们尽早赶来。

6月23日上午，送母亲到医院看病，因当天我正召开一个中层干部会，便让金志红和司机小韩陪母亲去看病。回家后，母亲上不了楼，司机小韩把我母亲背到楼上。我母亲当时说，我的儿子没把我背上来，让别人给背上来了。后来我听到母亲说的这句话，很心酸。晚饭后，母亲排了便，金志红给母亲洗了澡，换了衣服，我在旁边陪伴着。本想第二天再将母亲送医院，但在6月24日凌晨，母亲咽气了。天亮之后，我们将母亲送到了太平间。清晨，我的哥哥嫂子赶来了，但却未能和母亲见上最后一面。

三天之后，到太平间向老太太告别的人不少，其中大部分是我的同事，他们中也有和老太太一块聊天的朋友。我和哥哥把母亲的骨灰送回老家和父亲合葬。老家的风俗和北京不一样，程序要多一些，乡亲们对这位受人尊敬的老人都表达了深切的哀悼！

母亲是我们的亲人，也是我们的老师。她虽然不识字，但明事理。她与人为善，待人宽容，从不惹事生非。她对长辈孝顺，对同辈关心，从来没有和妯娌吵过嘴。她和两个儿媳相处多年，也没有翻过脸。我们姐弟三人都潜移默化地学习了母亲很多优点。姐姐、哥哥从小就照顾我，姐弟三人从来没有打过架。哥哥为了我，放弃了自己的学业，在我上学期间还经常给我寄钱。他靠自己的努力获得了国家注册会计师的资格，退休之后还在会计师事务所工作了十几年。目前姐姐已经 82 岁，哥哥也有 79 岁，他们都有退休金，过着幸福的晚年生活。他们的孩子都很孝顺，家庭和睦，大家都没有辜负母亲的期望。我们这个支脉，人丁兴旺，洁身自好，继承了老于家优良的家风，祈请母亲在天安息吧！

25. 到美国考察

1996 年后，十一所民品已经形成了高速泵、安全阀、热载体加热炉等支柱产品，并且完成了系列化和产品化。如何实现规模经营和把产品推向国际市场，是我们考虑的重点问题。

高速泵的发展比较快。因为我们火箭发动机的泵就是高速泵，一般都在 20000 转 / 分钟以上。如“长征三号”某发动机，氢泵 40000 转 / 分钟，氧泵 20000 转 / 分钟，用同一个涡轮驱动，在氢泵和氧泵之间有一个 2∶1 的减速器联接，所以在研制氢氧发动机时就研制了齿轮箱，这是高速泵的关键部件。当燕山石化化工二厂要我们搞胜达因 1 型立式高速泵时，我们仅用了一年左右的时间就搞出来了，1992 年 5 月向用户交出了合格的产品。尔后，又向齐鲁石化胜利炼油厂交付了胜达因 11 型立式高速泵，1993 年 7 月又向用户交付了大型卧式高速泵。至此，完成了三个系列的立式高速泵和四个系列的卧式高速泵，每个系列都有多种规格。此外，为了研制高速泵，我们还专门建了试验台。美国胜德斯特兰高速泵公司是世界著名的高速泵生产商，他们也是宇航出身，听到我们研制出高速泵，便相继派出工程师、市场总监、总经理到我们这里考察，给予了很高的评价，并且表示愿意与我们合作。

液体火箭发动机上没有安全阀，但是化工、热力等行业的管路上有大量的安全阀。高等级的安全阀大都是进口的，像美国克鲁斯贝公司所占份额，大概有20%。安全阀的难点在于，它具有重要的性能指标要求，在允许的超压条件下必须排放出足够的流量才能确保锅炉、压力容器以及管道的安全，在规定的回座压力前需及时回座以免造成工作介质的过多损耗。中国石化总公司等有关部门建议我所开展安全阀的国产化工作。所里下决心之后，组织了以阀门专家章裕昆为首的研制队伍，并自筹资金235万元建设了具有20世纪80年代国际先进水平的“安全阀检测装置”。经过同志们的刻苦攻关，为使用单位提供了一些高参数的安全阀，在这个过程中完成了安全阀系列化设计，攻克了高温蒸汽安全阀等设计技术和工艺。

我们希望这两个产品能得到进一步发展，因此想走出去探讨成立合资公司的可能性。1996年12月，由我带队，市场开发处处长周利民、安全阀室主任章裕昆、特种阀门室主任武怀锦、阀门老专家张锡衡共五人组成了考察组。考察组引起了美国商务部的注意，我们走到哪里，他们就跟到哪里。

我们第一站到丹佛胜德斯特兰公司，该公司热情地接待

考察组与美国胜德斯特兰公司高管合影

了我们。丹佛是这个公司的总部所在地，在瑞士还有一个分厂，总共有四百多名员工，年产值约3亿美元。他们的主管陪同我们参观了他们的生产线，生产线比较整齐，但没看到有什么特殊的设备，装配还是人工操作，并没有机械手。第一次见面，感到他们有合作的愿望，他们表示今后要加强联系。

第二站到俄亥俄州首府哥伦布，美国压力容器监察总部在此地。克里夫兰泰列达因厂的总工程师赖英三先生给我们介绍了一位压力容器标准室的主任，这位先生给我们介绍了机构的相关情况，并陪同我们参观了ASME取证的试验监测装置，锅炉压力是50MPA，后来我们的安全阀取ASME证，就是在这个装置上监测的。

第三站到克里夫兰安全阀厂，是赖先生开车来接我们的。哥伦布离克里夫兰距离不远，都属于俄亥俄州。赖先生是中国台湾人，1961年台大毕业后到美国留学，获博士学位。他原来在德来塞安全阀厂任总工程师，退休后到克里夫兰安全阀厂也当总工程师。到厂后，总经理热情地接待了我们。总经理是个意大利人，来美国读书，留在了这里。这个厂规模比较小，技术人员只有3人，年销售额3000万美元左右。我们参观了加工车间，也没看到有什么特殊设备。从言谈和观察中我们发现，由于他们怕工人失业闹事，不敢和我们公开谈合作。克里夫兰的对面就是加拿大，中间隔着一个很大的湖。

第四站到波士顿，克洛斯贝安全阀厂在这附近。记得迎接我们的是个华人，他把我们拉到纽波特，招待我们吃龙虾，每人一只，每只20美元。第二天到厂参观，这是个大厂，因为他们的人访问过我们所，所以接待我们还比较重视，由一位副总工程师给我们介绍情况。在这里我们看到了一个安全阀切换装置，回来不久，章裕昆同志就做出了这种阀。我们和克洛斯贝公司未就合作达成意向。

由于丹佛胜德斯特兰公司与我们有合作意愿，1997年5月上旬，我们又组织了一个小队伍访问胜德斯特兰公司，仍然由我带队，成员有涡轮泵室副主任吴玉珍，还有老专家章本立、闫殿甲、侯正臣，共5人。一到丹佛就感到气氛变了，他们招待很热情，但是生产现场却不让看了。该公司在上海的代表陪同我们到丹佛，又陪着我们去休斯敦，他们在休斯敦有一个销售处，因为休斯敦有很多石油化工企业。他们陪着我们去参观休斯敦宇航展览，实际上在应付我们。后来，我们知道，他们忌讳我们是国有企业，并且还是军工企业。他们不和我们合作，导致在中国国内几乎再没有他们的产品。

这两次外访，虽然没有谈成合作项目，但使我们的骨干看到了美国企业是什么样子。我们大部分人是第一次到美国，看看丹佛新改建的机场很大，也很敞亮，但首都机场第三航站楼也不比它逊色。看看当年的纽约第五大道多么气派，但北京、上海、深圳等地的商业大街已经超过了世界著名的购物天堂。我们高速泵、安全阀到现在仍然走自主发展的道路，同样发展得很好，我们的产品早就走向了世界。

26. 民品工作的经验

十一所从1984年开始军转民，当年合同额434万元，到现在近30亿元的规模，确实有了很大幅度的增长和进步。我从军转民开始即参加民品工作，从1992年起，历任市场开发处处长、副所长、所长，参与和主管了所的民品工作，到2003年年底我卸任所长时，民品合同成交额约1.5亿元。这个阶段是民品的创业阶段，应该说历经艰辛，但也积累了不少经验。我总结了一下，也许对后来者有所帮助。

1. 正确决策，适时响应中央“军转民”的号召，真正地实施军转民。1984年长征三号火箭发射我国第一颗通信卫星之后，所里没有新的任务，职工没事干，财务没经费，唯一的出路是走向社会，自谋生路。“军民结合，平战结合，以军为主，以民养军”是一个完整的表达，十一所完全践行了这一指示。

2. 技术创新，把液体火箭发动机的专业技术改造之后，推广应用到国民经济建设最需要的地方。发动机工作的特点是高温、低温、高压、高速、高效，我们的技术人员围绕这些特点，工作了几十年，积累了丰富的经验，将这些技术特长经过技术创新，转换成民用行业短缺的产品，替代进口。我们确定的主攻方向是石油化工企业，因为火箭发动机和一个化工厂非常相近。像我们开发的高速泵、安全阀、特种阀、热载体加热炉和热能产品、电子包装秤、SBS 两机、聚丙烯造粒机组、烟草机械等都是在这种背景下开发出来的。

3. 市场先行，所、室两级都成立市场开发部门，所室结合，以所为主。要加强与设计院、企业及其上级主管部门的联系，设计院是工程项目龙头，企业是工程项目的主体，而上级主管部门则是工程项目的规划者、批准者和出资者。要大力宣传自己的产品，把产品推上工程项目，并且捕捉信息，开发工程急需的产品。市场部门是单位的窗口，代表单位的形象。市场人员要为用户着想，用户才会想到你。

4. 财务集中，实行所（公司）一级法人，各基层是法人代理。基层签订合同，由一把手负责，其他人不能签合同，一把手对所负责。反对资金分散，防止腐败。这个经验曾在航天一院推广。

5. 加强基础，要建立必要的生产条件。技术是我们的强项，生产是我们的弱项。要有一定生产装配条件，我们更新了车间设备，又在亦庄开发区建了 3000 多平方米的厂房。建立了现代化的高速泵试验台、安全阀试验检测装置、电子秤包装试验台等试验装置。我们坚持两头在内、中间在外的运行模式，即设计和装配、出厂试验在所内，零件加工去外协。利用高水平的试验台，让用户到试验台上验收产品，这样他们更放心。

6. 质量第一，要把产品全部纳入ISO9000管理范围，接受各级质量部门的监督。十一所的产品往往被同一项工程项目采用，一损俱损，一荣俱荣，相互影响，每一项产品都要严格把关。产品要严格执行国家标准，有的还要执行国际标准。譬如高速泵执行美国石油协会的API标准，安全阀和加热炉取得了ASMI证，产品出厂加盖钢印。

7. 理顺关系，项目要实行设计、生产、试验和售后服务一体化管理。过去分散管理时，因为各自都是利益主体，经常产生矛盾，往往需要上一级来协调。加强规模经营，产品零部件超前预制，缩短交货周期，才能够把产品规模搞上去。

8. 合同合规，不违反法律，严格履约，资金按时回收。资金回收经常成为问题，特别是尾款。我们采取的措施，不和小的单位打交道，避免赖账；利用法律武器维权；制定资金回笼的激励政策，调动相关人员的积极性。

9. 培养人才，特别是各方面的尖子人才，确保重要岗位有顶用的人才。人才是多方面的，设计人才、管理人才、市场人才、技能人才都是需要的。军转民初期，十一所之所以见效快，很快搞出了产品，成为北京市军转民先进单位，成为国防科技系统和航天部的先进单位，就是因为我们及时地进行了军民分线，某型号下马之后，参与该型号的研制人员全部进入民品，有人才，才能出成果。这一批老同志开发了众多的支柱产品，至今仍是我们的主导产品。这一批老同志老了，有的人已经故去，我们要向他们致敬。

10. 激励政策，这是几十年来行之有效的措施。民品刚起步，即制定了收益的7%归个人的激励政策，后来增加到9%、11%，等等，经过一段时间的运行，改为和课题组挂钩，再后来和民品室挂钩。搞民品需要全力以赴、日思夜想，才能搞出点名堂，多劳多得是完全合理的。军品人员的报酬基本和民品平均数相当。十一所的民品政策是卓有成效的，现在仍在沿用，不过根据民品的发展情况适当调整。

11. 航天精神，同样是发展民品事业的法宝。老一代航天人孕育的航天精神，激励着几代人为祖国的航天事业奋斗。同样，航天精神在我们发展民品事业过程中发挥着重要作用。开发产品，填补国内空白，同样是为国家做贡献。我们的同志下厂安装调试，处处为用户着想。袁崇伦同志在大庆石化化一厂搞裂解炉改造，把炉子情况摸得很透，厂里领导说，老袁比我们的技术人员还熟悉设备，所以能搞出成绩。我们的同志在淮南化工厂安装调试电子包装秤，三天三夜连轴转，给他们赶出了时间，该厂陈厂长打电话告诉我："你们的同志太认真了，太能吃苦了，我们的工人很受感动，要谢谢十一所。"像这样的例子很多，我们展示的是航天人的形象，送去的是航天精神，这是正能量，我们要继续发扬！

27. 在所长任上

我于1999年3月15日晋升所长。我的前任刘小渝同志是我的学习榜样。他自幼聪颖，学习成绩好，大学期间是全优生，22岁大学毕业后，分到十一所，“文革”前就被确定为重点培养对象。他党性强，工作勤奋，除正常工作外，常利用节假日、下班后召集有关人员到他家中开会，及时处理一些棘手问题。他团结同志，严于律已，宽以待人。他不谋私利，两袖清风，在群众当中威信很高。我要像刘所长一样，做一个好人，做一个好干部。

如何当一个所长，上任之初说清楚又不怎么清楚。我1995年晋升为副所长，1997年又晋升为所党委书记兼副所长。1997年以后，刘小渝所长主抓发射保成功的工作，我主持所的日常工作。也许是未有真到岗位，就没有岗位的感觉。经过几个月的摸索和体会，才真正找到所长这一个岗位的体会。所长要为所的全局负责，心里总是沉甸甸的，当副职的时候没这个感觉。当时整天放不下的是三件事，就是“保成功，保安全，保经济”。

保成功，就是确保发射任务成功，不能失败，失败了责任承担不起，压力巨大。有两件事情，我印象深刻。

2001年3月，我正在深圳召开高速泵技术研讨会，忽听到某试验弹发射失利的消息，本来会后要去香港，出事了，香港去不了了。第二天一早，我和在深圳的同学见了个面，共进早餐后就返回北京。故障归零之后，确认事故点不在发动机，我们才稍稍松了口气。三个月后重新发射，当我坐在发射指挥大厅观看发射时，见到中国航天科技集团公司总经理王礼恒，他向总装备部政委李继耐介绍我说："老于是发动机所的所长，这次发射就看他们的了。"李政委说："拜托了。"我心里很紧张，马上含了复方丹参滴丸，以缓解心脏的紧张情绪。发射成功后，首长向在场的所有人致谢，并且举行晚宴招待。晚宴之后，集团公司副总经理张庆伟又款待了我们这些所长。

记得2000年6月发射东方红二号通信卫星时，在基地进行发射前的测试中，发现氢氧发动机的一个阀门不正常，幸好射前发现了问题。通过分析和试验，确定是阀门中进入了多余物，并且完成了问题复现。通过复查确定是生产厂在装配阀门的过程中进去了多余物，这个故障是出在生产厂，他们要进行整改。但是，我们设计所是发动机的抓总单位，要负管理责任，为此，我和党委书记每人被罚了一万元人民币，以示警告。在我任所长的四年多的时间里，我们的发动机没有因为出现严重问题而造成发射失败，我们是幸运的。

关于安全问题，2001 年 7 月，从哈工大分到我所的一个年轻人，把他的女朋友给杀了，出事地点就在他的单身公寓。前几年，十一所由于恋爱问题出过一起凶杀案，这两起案件都是发生在年轻人身上，非常可恨、可惜，既坑害了单位，又坑害了家长，更坑害了恋人。当然，这件事成为对青年同志教育的案例。

关于发展经济，这是我们的中心任务。关于军品，要积极争取长征五号芯级发动机的上马。这个发动机早就开始了预先研究，并且取得了重大进展。我和党委书记多次向国防科工委栾恩杰副主任，系统一司郭宝柱司长、孙来燕副司长反映我们的意见。2001 年 12 月以任新民高级顾问为主任，包括七位院士参加的项目验收评审委员会，对《大推力液氢液氧补燃发动机关键技术研究》项目进行了正式验收评审，并以七位院士的名义向当时的国防科工委主任张云川报告，建议大推力氢氧发动机尽早立项。经国务院正式批准，大推力氢氧发动机于 2001 年 12 月 28 日正式立项，确定了研制经费和配套的技改费。这是我任内的重大利好事项。

当时民品正处在一个蒸蒸日上的发展时期。我们确立了“坚持技术创新，突出主导产品，扩大经营规模”的发展方针。组建了民品研发中心，制定了新产品开发奖励政策，并进行民品结构调整。为了加强热能产品的发展，把热载体加热炉研究部分离出来，成立一个独立事业部；把一室合并到二室，加强环保产品和其他热能产品的开发；把八室合并到六室，加强电子计量包装设备的开发。这样做的初衷就是把有限的人力用到我们的优势专业上，让年轻人在较短的时间内见到成绩。这几年的民品产值以每年 20% 以上的速度增长。

我所挂心的几件大事，总体来说没有出现大的问题，军民品的发展，是令人鼓舞的。

如何当好班长，带好班子，我着重强调以下几点。

新班子成立之初，我就强调我们是为人民服务的，而不是做官当老爷。我本人长期受党的教育，毛主席“为人民服务”的思想，在我脑海里是根深蒂固的。

我们要关心民生，为老百姓办事。这几年职工收入逐年增加，每年增加幅度不低于 15%。十一所自开发民品以来，用相当一部分钱盖了职工住房，十一所相对于其他兄弟单位的住房稍宽裕一些。2001 年，一院在菊园地区建小区，离原来的中心生活区稍远一些，有的单位因为群众嫌远，否决了这次机会。当时，我带领所领导班子到现场察看，觉得虽然离原来的中心稍远一些，但是要有发展眼光，我们不能放弃这次机会，于是，决定购买五个单元 60 套住房，其中建筑面积 140 平方米的 24 套、105 平方米的 36 套。分配住房时，个别同志还在犹豫，半年以后形势大变，不要分配住房的同志跑到附近的绿城小区买了房，对当初的选择后悔不已。十一所职工对这件事给予了很高的评价，外单位的同志羡慕不已。同样，在亦庄开发区建3000多平方米的厂房，对民品发展起到了很重要的作用，也是一项正确的决策。

我们要加强团结。班子成员有不同意见是正常的，可以沟通交流，但是，最重要的是要有包容心，班子成员分工明确，各负其责。我作为一把手，不会管得太细，我只管全局性的事情，如规划、政策、干部，对外交往之类的事情，副职要大胆管理，出了问题由我负责。

要抓好廉政工作，杜绝腐败。班子成员要廉洁自律，做出榜样。有个个体户要把他公司2%的股份送给我，这是个不小的数字，被我拒绝了。所内所有基建、采购项目，审计监察部门都是尽早介入。民品外协合同容易出问题，所出面协调，一方面减少外协加工单位的数量，另一方面对外协单位进行反腐教育，并且明确规定，只有单位一把手才有资格签订合同，出了问题对一把手追责，这样使责任明确。

要勤政，办事快捷，要主动为基层解决问题。什么时候，都要使群众感觉到你态度积极，工作有活力。每个季度，所都要召开群众大会，这是向职工展示我们领导班子精神面貌的机会。每次大会前我都要充分准备，讲话不念稿，不讲官话、套话，思想明确，语言通俗易懂，并要有逻辑，使职工想听、爱听。

2002年，我被批准享受“国务院政府特殊津贴”。

证书

于继曾同志：

为了表彰您为发展我国工程技术事业做出的突出贡献，特决定发给政府特殊津贴并颁发证书。

国务院

政府特殊津贴第(01)3300040号

2002年6月4日

2002 年获“国务院政府特殊津贴”

四年多的任期，我全力以赴，丝毫不敢懈怠。在军品方面氢氧发动机、轨姿控发动机、空间温控系统产品参加各型号的发射和空中飞行试验，都圆满地完成了任务，没有出现重大的质量技术问题。特别是长征五号芯级发动机的立项，是军品工作的重大进展，其他军品预研项目也有明显的进步。民品方面由于加强了技术创新工作，主导产品的产业化有了重要进展，合同成交额以每年 20% 的速度递增，特别是亦庄开发区 3000 多平方米厂房的建立，增强了我们的生产能力。在人才培养方面，一方面增加了不少新生力量，另一方面年轻同志在军民品工作中得到实际锻炼，所级和中层的主要岗位都逐步实现了年轻化。在民生方面，职工收入以每年 15% 的速度递增，购买 60 套大三居住房，改善了相当一部分同志的住房条件。在住房分配中，对有突出贡献的同志予以奖励，起到了很好的激励作用。

2003年12月31日，我的所长任期结束。2004年上级主管部门对我进行了任期经济责任审计。审计报告对我四年多的工作给予了比较高的评价。这要感谢上级领导、班子同仁以及全所职工的支持和厚爱。

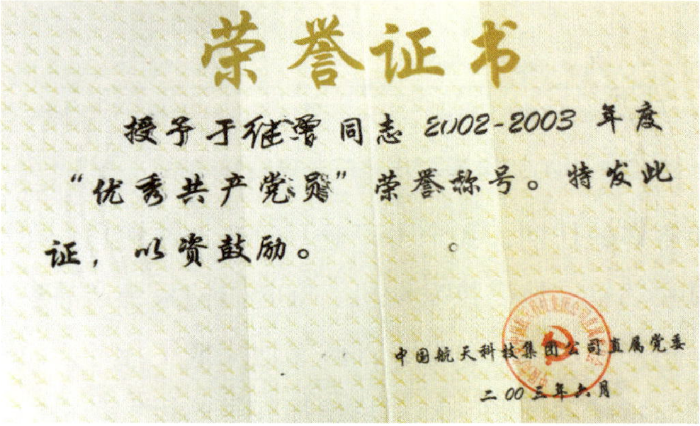
荣誉证书

授予于继霄同志2002-2003年度“优秀共产党员”荣誉称号。特发此证，以资鼓励。

中国航天科技集团公司直属党委

二〇〇三年六月

2003年获集团公司级“优秀共产党员”荣誉称号

28. 金志红去世

2001 年 1 月 29 日上午，金志红遭遇车祸去世，这一噩耗如晴天霹雳降临我家。1 月 29 日是农历大年初六，上午 10 点她到老同学沈吉芳家，沈吉芳因患肺癌刚刚去世，她去向家属表示慰问。然后，到她的朋友白佩仁家拜年。11 点多钟她到旧宫给儿子买结婚用的东西，结果在横过马路时被一辆小面包车撞倒，脑部严重受伤，当场死亡。

金志红，1945 年 11 月 14 日出生在河北涉县，当时正是战争时期，父母无奈，只好将她委托给老乡抚养，1948 年她才回到父母身边。她从小聪明，爱学习，1963 年考入北京工业学院无线电系通信专业，1968 年 12 月分配到七机部一院七〇四所工作。我们结婚后，为去“三线”，她调到十一所，后来未去“三线”，留在北京工作，期间于 1980 年去北航学习一年。

她在十一所七室电测组，为发动机部件水力试验负责测控；在六室为开发大连粮库自动化测试系统和电子计量包装秤做了一些有益的工作。后来五室搞“万吨级 SBS 挤压脱水膨胀干燥机组”，她被调到五室负责测控系统，较好地完成了任务，获得部级科学技术进步奖一等奖。尔后又主持“五千吨级聚丙烯造粒机组”测控系统的研制，共生产11套产品，交付了用户。1992年被聘任为高级工程师。

金志红工作非常努力，经常连续加班。测控技术和元器件发展比较快，她要不断地学习新的东西。她心地善良，愿意帮助别人，但由于说话直率，不注意方式方法，不看别人的脸色行事，往往得罪人。

我们一起生活这么多年，两人脾气都急躁，免不了吵吵嘴，但过后就忘了。她不在意一些小事，不愿意管钱，对衣服也不是很讲究。我始终感觉我们的心是连在一起的。

金志红曾说想到九寨沟看看，我陪同她到九寨沟、黄龙、峨眉山去游历。她退休后，我又让她去南宁，我的同学徐文彦夫妇热情地接待了她，并安排她到防城港、东兴、越南旅游。回来时她又游历了桂林漓江和阳朔，并且委托专业人士进行拍照。此外，她还去过新加坡旅游。

遗体告别这一天，来的人很多。航天一院院长、书记、副院长等，○六七基地的书记、副主任，相关单位的职工以及同学和生前友好都来参加了她的遗体告别。

金志红的母亲得知女儿出事后，悲痛地流下了眼泪。她说：“可怜的孩子，还没活过一个甲子。”后来，我陪同老太太到五台山旅游，我再婚后仍陪同老太太到青岛、三亚旅游，妻子王庆芝全程陪同，尽量抚慰老太太受伤的心灵。老太太活到92岁，我们始终关心、照顾，让老太太知道她还有一个女儿和女婿。

我和金志红是三十年的夫妻，感情真挚，一场突如其来的车祸夺走了她的生命，摧毁了我们的家庭，我们无能为力，好在儿子、孙女发展得很好，可以告慰她在天之灵！

金志红生前照片

29. 航天质量管理

根据有关资料披露，近年来中国航天发射的成功率优于美俄。中国迄今为止，已经进行了六次载人航天发射，都取得了成功。而美国于1996年挑战者号航天飞机失利，有7名航天员殉职；2003年哥伦比亚号航天飞机失事，又有7名航天员殉职，造成了惨重的损失。俄罗斯仅在2012年就连续出现5次发射失利。令人欣慰的是，在2016年一个季度内，中国长征七号运载火箭和长征五号运载火箭连续首次发射成功，震惊了世界。近一两年来，我们的卫星发射虽然出了一点问题，但总体来说成功率还是比较高的。中国航天发射所以能取得高成功率的成绩，是由多方面因素促成的。而严格的质量管理是最重要的因素之一。中国航天在发展的过程中有连续失败的沉痛教训，特别是1996年2月首次发射长征三号乙运载火箭，火箭刚刚起飞就撞到发射基地附近的山上，引起巨大的爆炸，冲击波摧毁了发射人员居住的宿舍，导致8死57伤，其中一院总体部一位马上要退休的火箭弹道设计高级工程师殒命，这是中国航天最惨痛的教训。当时中国航天工业总公司总经理刘纪原深感压力巨大，决心要采取坚决措施，扭转被动局面。刘纪原总经理委托负责质量管理的栾恩杰副总经理和职能部门、相关专家制定整改措施。我的印象于1997年提出了“技术归零”五条标准：定位准确、机理清楚、问题复现、措施有效、举一反三。这五条标准很高，特别是问题复现很难做到。当时贯彻这五条意见也不是一帆风顺的，出现嫌麻烦的情绪，不愿意做深入细致的工作。刘纪原总经理为坚决贯彻这五条措施，杀一儆百，当时对贯彻不力的811厂吴厂长进行了撤职处理，使质量管理工作逐步纳入了正轨，逐渐取得了整改效果。尔后，中国航天工业总公司又提出了“管理归零”五条标准：过程清楚、责任明确、措施落实、严肃处理、完善规章。火箭和导弹研制是巨大的系统工程，有些事故并不一定是技术问题造成的。工作马虎、责任心不强，往往会造成重大损失。所以在提出技术归零五条标准之后，又提出了管理归零五条标准，这样就比较全面了。以后，质量管理工作又进一步发展，提出“从源头抓起”，进行“全过程管理”，前些年又提出“精细化管理”，建立“数据库”，可以说，质量工作进入了系统化、数字化管理的阶段。航天的质量管理对保成功起到了巨大的作用，有些警句如“严、慎、细、实”“鸡蛋里挑骨头”等已成为金科玉律、至理名言。国防科工委将航天的经验在军工系统进行了推广。

我认为质量管理主要在平时，在每一张图纸、每一道工序、每一个测试参数上，要严把质量关。只有把每一个细枝末节都搞好了，才能保证全箭的质量。我们十一所要学习和继承老所长任新民创造的经验，就是设计员下厂配合生产，严格细致地掌握发动机零部件的状态。因为最了解产品的是设计员，只有设计员认可了才不会出大问题。当然，一旦发射出现问题，严格履行质量归零双“五条”标准，确定故障点，解决问题，并且举一反三。

过去，协作单位来所，我们经常向他们宣传航天质量管理的经验，引起了他们的极大兴趣。当然，首先我们自己做好，才能有资格影响别人。质量第一不是唬人，而是必须执行的原则。

30. 航天精神

我作为一个为航天事业奋斗了一辈子的老同志，深深地感到，伟大的实践催生伟大的精神，伟大的精神又推动了伟大的实践。自从毛主席提出要搞一点导弹、原子弹的号召后，以钱学森为代表的几代航天人，从仿制到自行研制，完成了各种用途、不同型号的导弹武器，发射了几百颗卫星，实现了载人航天，进行了月球探测，我国已跻身世界航天大国行列，为提高我国的国际地位、增强我军的军事实力作出了重大贡献。由于苏联撕毁条约，撤走专家，使我国航天事业初期的仿制苏联早期的产品于1960年终止，从那时开始我国航天事业走上了自力更生的发展之路。正是由于“逼上梁山”，才充分发挥了中国航天人的聪明才智和创新攻关的勇气，克服了物资的、技术的生产能力和生活条件的重重困难，取得了一个又一个的胜利，几代航天人在为航天事业奋斗的过程中培育和发扬的“航天精神”，产生了极大的内生动力。在和地方同志的交往中，我们除了介绍航天技术，也常常给他们讲述航天精神，他们听后很受感动和鼓舞。我们经常强调，民品的市场人员和安装调试队伍，到企业中去，你就是代表十一所，代表航天人，你要认认真真、踏踏实实地工作，为用户解决他们需要解决的问题，你展示的就是航天人的风采，宣传的就是航天精神。

到底什么是航天精神？其具体的描述是什么？航天精神在不同时期有不同的语言描述，但其精神实质是一致的。聂荣臻元帅主管国防工业时，他是航天的总领导。1956 年 10 月 8 日，聂荣臻元帅在我国第一个导弹研究机构——国防部五院成立之后，提出了“自力更生为主，力争外援和利用资本主义国家已有的科学成果”的方针。敬爱的周恩来总理非常关心和支持我国的航天事业，并亲自担任中央专委会主任，1966 年 10 月，周恩来总理针对原子弹和导弹“两弹结合”试验，提出了“严肃认真、周到细致、稳妥可靠、万无一失”的方针。1986 年年底，在航天工业部工作会议上，提出了“自力更生、大力协同、尊重科学、严谨务实、献身事业、勇于攀登”的航天精神。此后，又对航天精神的文字表述修改为“自力更生、艰苦奋斗、大力协同、无私奉献、严谨务实、勇于攀登”。1999 年 9 月 18 日，江泽民总书记在党中央、国务院、中央军委隆重表彰为研制“两弹一星”作出突出贡献的 23 名科技专家大会上，精辟地阐述了在“两弹一星”研制过程中体现出的“两弹一星”精神，即“热爱祖国、无私奉献、自力更生、艰苦奋斗、大力协同、勇于登攀”。2003 年 10 月 16 日，党中央、国务院、中央军委在祝贺我国首次载人航天飞行圆满成功的贺电中，提出要大力弘扬“特别能吃苦、特别能战斗、特别能攻关、特别能奉献”的载人航天精神。从上述航天精神的描述中，我们可以看到：爱党爱国、献身航天、自力更生、艰苦奋斗、严谨务实、团结协作、刻苦攻关是其核心。这种航天精神，促使我们不忘初心，担当使命，鼓励一代又一代的航天人，推动我国航天事业不断发展和进步。

1990 年 7 月 13 日，在首次发射长二 E 火箭之前，发生了推进剂泄漏，需要泄出推进剂，而两种推进剂都是剧毒的。魏文举老师傅不顾个人安危，进入舱内排除故障时不幸中毒，经抢救无效牺牲。三天后，火箭发射成功。魏文举同志的女儿魏丽、女婿周文禄就在十一所工作。无独有偶，三十年后，2020 年 6 月 16 日，长三乙火箭发射最后一颗北斗卫星时出现故障，同样需要泄出推进剂，更换螺栓。两位年轻工人同样毫不犹豫地进入舱内工作，出色地完成了任务，确保了 6 月 23 日发射成功。这是一种什么精神？这就是航天精神，航天精神代代相传。我们东高地是航天的摇篮，是航天精神升起的地方。我衷心希望航天精神在十一所蔚然成风，推动各项工作不断进步。这是一个老同志的希望。

31. 再婚

我爱人金志红去世后，很多同志、朋友关心我，劝我再婚，并介绍了一些人选。这些人有南苑大院的，也有外单位的，有博士、医院院长、教授、工程师，也有一般人员。有的到办公室来介绍，有的打电话介绍。我的想法，不要太年轻的，也不要没结过婚的。介绍的挺多，我一个也没去见面。后来，黄洪大、岳听元这两位老朋友给我介绍了一个女同志，名字叫王庆芝，当年 47 岁，比我小 9 岁，年龄比较合适。她有一个女儿，正在清华大学读书。她的丈夫也是因车祸去世的。她本人是内蒙古建设兵团的知青，中专毕业，有会计资格证，在做企业的会计工作。我比较感兴趣的是，她丈夫去世后，自己为几家企业兼任会计，供女儿上学；另外，她丈夫去世七年一直未再婚，她对待婚姻的态度是严肃的。她的姑姑认识我母亲，对我也有所耳闻。她的姑姑向老黄、老岳介绍了她侄女的情况，并拿来一张照片，年轻漂亮，是 40 岁时的照片。老黄说是不是见见面，我说早了点。老黄说，早晚得见，还是早点见一下吧。于是，2001 年 5 月 12 日，我们在老黄家里见了面。她上午去爬香山，下午到老黄家。看她的相貌比照片上老了一点，但仍不失风采。她说话得体，落落大方。见面后，我们都对对方有好感。

两个月后，7 月 7 日，就是国际奥委会批准北京 2008 年夏季奥运会的那一天，我到她在团结湖公园附近的家中拜访，这次也见到了她的女儿。这次见面基本确定了我们的关系。那几天，正好北京电视台播放采访我的片子，她的家人看到了我的形象，都比较满意。7 月份天比较热，我在孝感军垦农场劳动留下的病根——腰椎间盘突出病犯了，而且比较严重，上厕所都较困难，王庆芝来照顾我，并陪我看病，我们的关系也就确定下来了。后来和双方孩子见面，他们也都同意这门亲事。因此，朋友们给我推荐了一二十个对象，我就见了一位就定下来了，少了很多麻烦。

2002 年 1 月 1 日晚，我在东高地长征宾馆办了几桌婚宴，航天一院党委书记王宗银、副院长白美璋、李清河、高启芳，十一所老同志、老领导刘小渝、王桁、徐达雯等都来祝贺。刘小渝所长还请他的连襟—— 一名画家，为我们专门画了一幅画，以示祝贺。我们后来又在东三环海文酒店招待了她的家人和朋友，我们向朋友们宣告，我们结婚了。朋友和家人都为我们的结合感到高兴。

结婚之后我才知道，她的第一任丈夫是 1994 年 11 月 23 日去世的，而我则是 11 月 23 日的生日；她和她的第一任丈夫第一次见面是 5 月 12 日，而和我第一次见面也是 5 月 12

日。这些巧合说明我们俩人有缘。

我们结婚之后，和子女的关系是需要逐步磨合的。于国斌夫妇对我们的新婚需要一个适应过程，也需要一个契机。我们结婚之后，一个不长的时间，儿媳陈予新身上长了一个肿瘤。王庆芝积极联系肿瘤医院，给儿媳找好了大夫，准备动手术。动手术之前又复查了一遍，结果惊喜地发现不是恶性肿瘤，是一个良性肿瘤，又换了开刀的大夫。整个过程既曲折，又有惊喜。康复之后，儿媳和她的父母对王庆芝很感激，从此以后，她们的关系越来越密切，家庭关系也更加和谐融洽。

王庆芝的父母都是河北人，父亲是一位木模八级工。她是老大，下有妹妹和两个弟弟。她的父母和弟弟妹妹都对她的不幸遭遇忧心，希望她能早日组建新的家庭。这次，我们的婚姻，他们全家很满意，我们关系处得很好。两位老人年纪大了，四个孩子很孝顺，对他们照顾得很到位。在他们能走动的时候，我和庆芝领他们到九寨沟、黄龙、峨眉山、杜甫草堂、泰山、大明湖、千佛山等景点旅游，又领他们到香港、澳门、台湾去旅游，去台湾时，还把她母亲的几个好姐妹一起带到台湾游玩儿。我的台湾朋友设盛宴招待他们，并给她的父亲过生日。在台湾旅行中，他们被宝岛的美景深深地吸引，一路很高兴，特别是旅游快结束时，导游还为老人过了生日。两位老人对外出旅游，特别是能到台湾、香港、澳门感到很自豪。后来还想带他们去澳大利亚旅游，老人担心自己的身体，没有去成。今年6月，王庆芝的父亲去世，享年89岁，而她90岁的母亲，身体也不好，几个孩子加上保姆一起，照顾老人的生活和身体。

我和王庆芝旅游合影

王庆芝的女儿比于国斌小10岁。她和丈夫都是清华大学的毕业生，在美国获得了硕士和博士学位，现在北京、南通建了两家数字工厂。他们生有三个女儿，人丁兴旺。现在要三个孩子还是很难得的，小时候要麻烦些，但孩子大了，就会各显其能。孩子们的照料主要靠保姆，我们也时常过来，帮助照顾孩子。

女儿他们带我们到美国黄石公园、奥兰多的迪士尼公园和游轮游玩，到美国东西部的著名景点旅游，这要感谢他们提供的条件和一颗孝顺的心！

我们结婚已经十八年了，我们过得很幸福。现在年纪大了，更珍惜我们的结合。而我们婚姻的月老，王庆芝的姑姑和岳听元老友已经去世了。我们永远感谢他们，愿他们在天安息。

32. 载人航天工程

1992年9月21日，中央政治局常委会决定搞载人航天工程，代号“921工程”，决定采用运载火箭发射飞船的方案，将航天员送入太空。飞船载人靠热控分系统和环控生保分系统来提供保障条件。热控分系统就是利用热控介质，在热控回路中循环流动，将航天员和仪器仪表产生的热量传给外部辐射器，由外部辐射器将热量辐射出去，以保证舱内温度维持在一定的范围，给航天员和仪器仪表提供适宜的温度湿度条件。十一所是液体火箭发动机研究所，又是国家特种泵阀工程技术研究中心的依托单位，所以总体部把热控系统的主要单机委托我所研制，然后由总体部构建成系统。我们研制的单机先后有外回路泵、温控阀、自控阀、自锁阀、过滤器、加排阀、服务阀、快速断接器、补偿器、加注车、百叶窗、内回路泵、舱外服循环泵共13种产品。1994年签订合同，开始了研制工作。

承担上述单机的研制任务对十一所也是严峻的挑战。一是，这是载人航天产品，关系到航天员的生命安全，责任重大；二是，十一所过去研制的都是大流量、高扬程、高压力的产品，而飞船上的产品是小流量、长寿命、高真空，技术上有较大的难度。接受任务之后，所领导很重视，马上成立两总系统，由时任副所长的我任总指挥，由老专家张锡衡任总设计师，由三室、四室、八室组织设计队伍，职能部门专人负责。经过模样、初样、正样三个阶段的研制，于 1999 年 11 月 20 日参加了神舟一号飞船飞行试验，接着又参加了“神舟二号”“神舟三号”“神舟四号”飞行试验。2003 年 10 月 15 日，参加了神舟五号载人飞船飞行任务，中国第一位航天员杨利伟成功飞天，实现了中华民族的千年飞天梦。2005 年 10 月 12 日，参加了神舟六号载人飞船飞行任务，两位航天员太空飞行成功。2008 年 9 月 25 日，神舟七号飞船搭载三名航天员发射成功，航天员翟志刚成功地进行了舱外行走，航天员身穿的舱外服首次亮相，其中两台循环泵是我所研制的。迄今为止，我所共参与了神舟飞船十一次成功发射。“天宫一号”“天宫二号”的温控也是采用这一套系统，我们的循环泵在“天宫一号”上连续运行时间已经超过六年，而产品技术要求为 2 万小时，其他各种设备，其工作性能也都超过了原定的技术要求。目前，温控系统已经推广到东方红四号、东方红五号卫星平台，“嫦娥五号”温度控制，未来将要发射的空间站以及空中加注装置的自身冷却系统。现在产品供不应求，每年合同额都在七八千万元。

在研制温控系统的设备时，我们集智攻关，解决了很多复杂的技术问题。循环泵是热控系统的心脏和动力，如何进行设计，经过了几个回合的筛选，才确定了方案。设计之初，我们得到的只是一张俄罗斯联盟号循环泵的外形图。经过方案论证，确定采用无刷直流电机驱动离心泵的方案。循环泵的特点是小流量、长寿命、高真空。流量小、扬程低，就决定了泵的效率不高，但飞船上的能源是宝贵的，因此，必须想方设法提高效率。长寿命的关键在于轴承的寿命。高真空，要求漏率低，由于泵的尺寸小，安排动密封有困难，只能从电机结构上想办法。为了提高泵的效率，对不同的叶轮与扩压器做了四种方案，最后将泵的型式由部分流式改为全流式，将同心圆螺壳改为阿基米德螺线壳，功耗降低了 20% 以上。轴承方案，在滑动轴承和滚动轴承中，最终采用滚动轴承即陶瓷球方案。为了保证氦检漏指标，取消了泵的动密封，采用屏蔽式电机结构，轴承和电机由泵送介质冷却，在电机密封和轴承冷却方面，采取了很多措施。为了研制循环泵，专门建立了一座试验台。循环泵的产品生产出来后，“921 工程”总设计师王永志院士专门来看了一次，称赞我们的产品比俄罗斯的产品小巧一些。神舟一号飞船发射以后，发现内回路泵泄漏，这个泵是哈尔滨一家工厂提供的，中国载人航天工程办公室主任宿双宁专门来所，要求我们将内回路泵研制也承担起来。2006 年，我们又承担了神舟七号飞船舱外服循环泵的研制工作。因为有前面的经验，研制过程中未出现重大问题。温控阀、补偿器、自锁阀等产品都出现了许多技术问题，这些问题最终都逐一得到了解决。

在产品研制过程中，我们严格执行了载人航天工程质量管理体系，这是一项极为重要的保障。严格执行质量管理制度，是一个循序渐进的过程。因为我们的队伍新同志多，人员也常有变化，但是质量规范的宣教、质量意识的培养，是常抓不懈的任务。

我从 1995 年起至 2015 年离开工作岗位，一直负责十一所载人航天工程项目，并两次获得“载人航天突出贡献奖”，这是组织对我的鼓励。这里我要感谢总设计师张锡衡和所有参加这项工程的新老同志。我特别要感谢闫殿甲同志，老闫为党和国家辛勤工作了近半个世纪，作出了重要贡献，他在氢氧发动机涡轮泵攻关中、在民品高速泵开发中、在载人航天循环泵研制中成绩突出，令人悲伤的是在 2003 年 2 月 8 日，也是当年春节假期后的第一天，他正与室主任樊启俊同志谈论载人航天第二步任务时，却倒在了办公室，享年 68 岁。他的去世是十一所的重大损失，我们永远怀念他！

1999 年 11 月获中国载人航天工程第一次飞行试验突出贡献奖

2004 年 1 月获中国载人航天工程突出贡献奖

与航天员合影

33. 审计结论

2003年12月下旬，〇六七基地领导让我带着夫人到西安去一趟。到西安后，〇六七基地主任雷凡培、书记谭永华找我谈话，说十一所班子3月已经到期，年底准备换届，安排我担任所总工程师，并征求我对新班子成员人选的意见。我同意基地领导的决定，退出现任领导班子，给年轻的同志让位。谈话之后，基地安排我们去延安和扶风法门寺旅游。去延安是西安十一所派人陪同。当时延安还比较落后，没有一个像样的旅馆，餐饮也比较简朴，但几年以后再去，延安大变样，高档酒店林立，夜生活丰富多彩，旧貌换新颜。到扶风法门寺是基地办公室的陈处长和基地前书记戴证良同志的夫人陪我们去的，中午吃的农家乐，当地的臊子面和锅盔给我们留下了深刻的印象。

12月30日，北京十一所召开民品工作会，我做了长篇讲话，丝毫没露出要离职的迹象。第二天宣布所领导班子调整决定，职工才知道这个消息。

2008年7月1日，〇六七基地主任谭永华找我谈话，正式通知我办理退休手续，享受正司局级待遇。退休之后，十一所所长周利民希望我返聘，继续担任载人航天工程项目总指挥。2015 年 10 月我不再上班，我在十一所工作了 47 年。

2004 年 7 月 5 日至 23 日，上级审计部门对我任所长期间的经济责任进行了审计。审计评价如下：

“于继曾同志在任职期间，坚持党性原则，注重发挥领导班子的带头作用，遵守国家的财经法规，在审计期间没有发现损害国家和单位利益的违法违纪事项，同时，在加强人才培养、提高职工素质、关心群众生活以及结合离退休职工队伍的特点安排好离退休职工学习、活动等方面做了卓有成效的工作，为十一所（京）的稳定与发展发挥了重要作用。工作业绩受到职工认可，在年度职代会对所领导干部的考评中，任职期连续优秀。

于继曾同志在任所长期间内，带领全所干部职工圆满完成了科研生产任务，以十一所（京）的专业优势为依托，充分利用石化产业发展的机遇，加快民品发展，积极拓展市场，进一步增强了经济实力；军民品收入稳步增长，实现了国有资产的保值增值，完成了上级下达的经济指标。

十一所（京）抓住了国家军工事业发展的大好时机，争取了三项技术改造项目；积极开展了预先研究工作，预研项目的关键技术获得重要突破，成绩显著，为十一所（京）未来发展打下了良好的技术基础。”

我的继任者王珏同志签署意见：

“同意审计报告的内容和结论意见。于继曾同志在其任内，积极带领所领导班子，团结全所职工，抓住机遇，奋力拼搏，在军民品科研生产和经营开发等方面取得了令人瞩目的佳绩，为所的下一步发展打下了良好的基础。”

这个审计报告，对我的工作做了一个结论，肯定成绩比较多，这是上级领导对我的鼓励。但是，我也深知自己存在许多不足之处，有些事情还有遗憾。

34. 工程中心

为了促进科学技术的进步，科技部于1992年筹建一批国家科学技术工程技术研究中心。十一所是液体火箭发动机研究所，发动机就是一个热工机械，泵把推进剂输送到燃烧室，推进剂发生化学变化，产生高温高压气体，通过拉瓦尔喷管排出，把热能、压能转换成动能，产生反作用力，将火箭发射出去。涡轮泵是大流量、高转速、高扬程、高密封、高效率的动力机械。阀门要负责介质开关、流量调节、压力调节等功能。发动机上的泵阀具有高技术含量，但是工作时间短，这和民用产品长时间的连续运行有很大的差别。自20世纪80年代以来，十一所军转民，为石油化工行业研发的高速泵、安全阀、特种阀门，完全适应民用的需要，同时为了这些产品的开发，建设了高水平的高速泵试验台、安全阀试验检测装置，在国内具有领先水平。工程中心初创伊始，原七机部部长，当时的国家科委主任李绪鄂推荐北京十一所为国家特种泵阀工程技术研究中心的依托单位。1992年建立中心，获得国家300多万元的支持。十一所重视中心建设，及时地进行技术扩散，每年的考评都在良好以上。特种泵阀工程技术研究中心对提高国家的泵阀技术水平、促进十一所的军民品发展都发挥了一定的作用。中心成立之初，我担任副主任，我担任所长之后，又兼任主任。

工程中心属于科技部高新技术司领导，全国工程中心有130多家，为便于组织领导，工程中心成立了一个联络网，有十几家干事单位，并设立一个办公室，主持日常工作。特种泵阀工程技术研究中心是最早的联络网干事单位。我卸任所长之后，联络网干事会即酝酿由我担任联络网总干事，并在乌鲁木齐工程中心大会上选举通过。

联络网是一个民办机构，主要为各中心单位服务，重点做了以下方面的工作。

1. 向各中心单位传达科技部的指示，代表各中心向科技部反映所属单位的意见。

2. 协助科技部组织召开各中心成员单位大会。

3. 宣传典型，组织各单位向发展比较好的单位学习。

4. 组织各成员单位之间的协作。

我担任总干事近十年，在组织的各项活动中，向各兄弟单位学习了很好的经验。有许多工程中心发展得很好，具有不同的特色。像国电南京研究院、中国纺织设计院、清华大学自动化系、中国建筑科学院、中冶自动化院、中冶建筑设计院等兄弟单位，他们的工程中心建设得很好。

国电南京研究院、中国纺织设计院在大会上做过经验介绍。同时这些年，我们结交了一批朋友，还专门建了一个聊天群，互通信息，有时也聚餐联谊。在这里祝福各位朋友健康快乐！

35. 同学聚会

年龄大了，容易思旧。1995 年在我们南苑大院组织了一次规模比较大的大学同学聚会，共有 16 人参加，张玉彬老师、王允良老师、程琦老师，时任劳动部副部长的刘雅芝同学，航天一院党委书记王宗银校友都参加了。同学年龄 50 岁左右，老师年龄也不到 60 岁。大家久别重逢，见面很亲切。从那之后，在北京的同学、老师每年聚上一两次，偶尔有外地同学来京，在北京的同学聚会的次数和参加的人数就会多一些。

同学聚会的积极组织者贾长江同学，在一次聚会上提出，2014 年是我们同学入大学 50 周年，我们可不可以把分散到全国各地的同学聚集于母校，共同庆祝这一在人生旅途中的重要时刻。这个提议，大家都同意，但也有担心，大家年纪大了，会不会出问题。这个担心也不是多余的，但只要采取防范措施，估计也不会出大问题，于是组成了由贾长江、程琦老师、杨广金、于继曾、冯一枫组成的筹备组，来处理聚会中的问题。贾长江同学起草了联谊会通知书，由各小班落实到人。对于同学聚会，绝大数同学热烈响应，但也有个别同学有不同的想法，最后确定聚会地点在母校——北京理工大学，时间是2014年8月22日，聚会人数近50人，外地同学克服了许多困难来参加聚会，像我们班刘万根同学携夫人、女儿、外孙共4人从贵阳赶来，仅来回飞机票就要花上一万多元。唐细、冰燕高夫妇，徐洪洲、陈汉德、陈丙贵、郝风华同学，也是不远千里参加聚会，其他班外地的同学来得也挺多。见到他们很不容易，同学们毕业之后，各奔东西，大都没有见过面。当年一起读书时，二十几岁，风华正茂，如今相见已是古稀老人，离别情、见面亲，都蕴含在亲切的握手、热烈的拥抱和幸福的眼泪之中。

一排左起：62641吕玉兰 62641于兰珍 62641王淑梅 62642孙敏 62643郝风华 62643胡宗萍 62643唐细
61641刘俊英 原六系副主任席燕平 指导员王允良 政治课老师张玉彬 64641刘雅芝 64642王耀第
二排左起：62643汪永正 62641李毅敏 64641王淑池 62642陆浩 62641贾宝 62643刘万根 62643徐洪州 64642杨广金 64641王勤 64641郭素珍
三排左起：指导员程琦 64641冯一枫 62643陈汉德 64641李学颜 62643陈炳贵 61641郭震江 61641樊道顺 64641张朝真 64641王炳华 64641杜福忠
四排左起：61641贾长江 64642郝金明 64642郭德明 62642冰燕高 62643冉明 65级指导员何昌杰 62643于继增 61641刘志昆 62643安亚维 64641李大平
胡扬驿 摄

2014年同学联谊会在系楼前留影

参加我们联谊会的还有北京理工大学李汉章副校长，化工学院、材料学院的领导，他们来看望我们这些老校友。当年我们的老师张玉彬、王允良、程琦、何昌杰，特别是当年六系的系主任席燕文教授与会，老人已近九旬，仍然侃侃而谈，发表了热情洋溢的讲话。张玉彬、程琦、王允良老师特别出资，支持这次聚会。这次聚会给同学、老师们留下了深刻的印象，永生难忘！

2018 年是我们大学毕业 54 周年，我们又举行了一次全国性的同学聚会，地点还是在母校，时间仍然在 8 月。这一次我们班于鸿琴同学带着儿子、儿媳、孙子从广东惠州来参加聚会，唐细、冰燕高夫妇从深圳赶来参会。其他班陶希荣、张巨才、武仁英、詹益腾、赵政超夫妇、张玉范夫妇、郭素珍夫妇、柳道华夫妇、潘雨舟夫妇等都赶来赴会。遗憾的是，我们的辅导员王允良老师不幸患胃癌去世，享年 81 岁。这两次全国性的同学聚会很不容易，这要感谢各位老师和同学们的大力支持和北理工领导的关怀。以后再组织同学聚会，难度会更大一些，等两三年后再看情况。

我一直以积极的态度组织同学聚会。我觉得，我对同学有感情，愿意为同学们做点事情。我们班陈丙贵同学患癌症，我组织同学们给他捐款，帮助他解决困难，其中唐细同学就资助了 5000 元人民币。最近，在母校建校 80 周年前夕，唐细和他丈夫冰燕高同学又向母校捐赠了 1000 万元人民币，这是学校历史上个人捐献最高的一次。我要向唐细夫妇学习，学习他们的高风亮节，也继续做一些有益的事情。

2018 年同学联谊会在系楼前留影

36. 老同志聚会

2016年元宵节过后，我们几位北京十一所老领导、老专家去看望十一所老所长、原劳动人事部部长李伯勇同志。李部长主持过某型号发动机的研制，担任过〇六七基地副主任和航天一院院长，是对航天事业作出重大贡献的老领导、老专家。他作风朴实，工作有担当、有魄力，关心部属，群众关系融洽，所以大家都惦记着他。见面后，大家互致问候，交流航天型号和发动机的研制情况。尽管李部长已离开航天多年，但他关心自己老本行的兴趣却丝毫未减。在交谈中，李部长还谈到对过去的同志多有批评和得罪。此次会面感触颇多，多年战友情永远不会褪色，随着年龄的增长只会越来越浓厚，要创造机会见面，这是老年人感情的需要，生活的需要。会见之后，我们组织了一个微信聊天群，取名“天天好心情”。大家对此群很重视，积极参与，沟通信息，使此群成为学习的平台、娱乐的平台、养生的平台，同时也成为会面的平台。

2016年8月25日，我们以群的名义组织了一次老同志聚会。与会人员有20人，李伯勇部长、某型号主任设计师马作新同志、长三甲系列火箭副总设计师王桁同志、○六七基地党委书记戴证良同志等领导和专家与会。大家见面热泪盈眶，有的多年未见面，此次见面机会难得。大家积极地拍照，力争多留一些影像资料，想念时就拿出来看看。

2016 年 8 月在斯博瑞宾馆的第一次聚会

2017 年 9 月 15 日，我们以群的名义第二次组织了老同志聚会，参加人数近 40 人。李伯勇、马作新同志，老所长颜子初、王之任、刘国球等领导和专家出席了聚会。王之任同志 89 岁，是坐轮椅来的。颜子初同志老伴有病，平时不离其左右，这一次也赶来参加聚会。这些“七老八十”“八老九十”的人，见一次面很难，有的走不动，有的离不开。现在到这个年龄，见一次少一次。刘国球所长就是在这次聚会后不到半年时间去世的，令人叹息不已。

2018 年，我们组织了第三次老同志联谊会。这一次联谊会与会者有 40 多人。与会老同志唱起歌，吹响了乐器，联谊会在《我爱我的祖国》主旋律中结束。

2019 年 10 月 16 日，我们又组织了第四次老同志联谊会，除了李伯勇部长、颜子初、马作新、王桁等老专家与会外，特邀了原十一所老干部闫恩荣同志参加。闫老已经 97 岁，脸色红润，腰杆很直，声音洪亮，身体很健康。此外还邀请了 94 岁老同志张万忠参加。这次与会的老同志有 60 余人，是人数最多的一次。会后，由闫恩荣老同志出资，给每一位与会同志做了一本精美的相册留念。

2019 年 10 月在长征宾馆第四次聚会

这四次联谊会是由我和几位同志组织的。这几次聚会使我们深刻地感受到，这些航天事业的创业者、发动机专业的开拓者，一辈子热爱并献身这个事业，他们为航天事业和国防建设作出了重要贡献，共和国永远不会忘记他们。他们现在处于晚年，生活中出现各种困难，而丰富精神生活最为重要。我们自发组织的老同志聚会，就是为了给老同志生活增添乐趣。大家到一块见见面、聊聊天、拍拍照、唱唱歌，终身难忘。我们航天事业的奠基人钱学森、任新民等都活到100岁左右，我也衷心祝愿我们的老领导、老专家、老同事健康长寿，幸福美满！

我是老同志中最年轻的一位，我的身体状况还比较好，愿意为老同志们做点事情，也可以说是继续发挥余热吧。

37. 关心原单位

我从1968年分配到航天北京十一所工作，直到2015年离开工作岗位，共工作了47年。退休金在最近转社保之前，仍然由原单位发放，转社保后仍有少部分由原单位发放，所以我与原单位的关系是休戚与共的关系，特别是我做过单位主要领导，关系更为密切。

原单位的领导每年至少一两次给老领导介绍单位的发展情况，就重大问题征求意见，特别是遇到重大事故，必然向老领导通报情况。我们这些老同志总是自觉不自觉地关注单位的发展情况和发射保成功的情况，一旦出现问题，和在职的同志一样着急，并愿意帮助解决问题。长征五号火箭遥二因芯级一台发动机故障，导致发射失利，责任单位在北京十一所，顿时在职职工和离退休职工都承受了巨大压力。经过两年多的故障分析和整改，终于迎来了长五遥三发射成功，大家深感成功来之不易。遥三发射成功后，我写了一篇小文章《感动》，在十一所内网上发表，表达了我们老同志的心声。

感动

2019 年 12 月 27 日长征五号遥三发射试验成功，在国内外引起重大反响。中国航天科技集团有限公司北京十一所（我原来工作的单位）是长五遥二失利责任单位，该所研制的一台芯一级氢氧发动机出了问题，导致发射失利。故障归零像一座大山，重重地压在北京十一所头上，不仅在职的职工承受了巨大的压力，离退休职工也承受着压力。经过两年多的艰苦努力，在遥二发射失利后的 908 天，终于迎来了遥三的发射成功。最近有些文章披露了十一所在产品归零过程中涌现出许多可歌可泣的事迹，我很受感动，因为我也参加过几次会议，深感问题的复杂，可以说是扑朔迷离，一波三折，同志们付出了巨大的努力。就我熟悉的几位同志，他们承受的压力和本人身体的变化，使我感到心疼。长五火箭总指挥王珏，1982 年毕业于西安交通大学，后又在我所读朱森元院士的研究生，他是氢氧发动机的专家，也是总装备部重大专项的专家组组长。我当所长时，他担任党委书记，我卸任后他担任所长，后又调到一院任长五总指挥。这两年多，他顶着巨大的压力，日夜操劳，现在头发都不多了，苍老了许多。北京十一所现任所长岳文龙，是北航的研究生，35 岁就当了副所长，现在 40 岁刚出头，在所长任上干了两年，体重下降了 20 斤。长五主管氢氧发动机的副总设计师王维彬，是 1984 年毕业于西工大的研究生，后又到俄罗斯喀山航空学院学习，现年 57 岁。经过两年多的奋战，搞得精疲力尽。他岳父母是我所的老专家，90 岁的老岳父看到他疲惫的样子，对他说："你的身体怎么比我还差？"叫人听了真有些心疼。其他同志有的认识，有的不认识，我要向他们致敬！

航天的质量管理是非常严格的，故障归零有"双五条"标准，即"技术归零"和"管理归零"，其中，"技术归零"五条标准是：定位准确、机理清楚、问题复现、措施有效、举一反三。"管理归零"五条标准是：过程清楚、责任明确、措施落实、严肃处理、完善规章。这里最难的是问题复现。我印象中 2000 年 6 月长征三号发射东方红三号卫星，在基地地面测试中发现故障，在归零过程中做到了问题复现。长五氢氧发动机在研制过程中曾经试车 20000 多秒，没有出现重大问题，长五遥一发射获得成功。这一次长五遥二出现故障，根据遥测数据，故障归零已经有了结论，并且遥三已经装弹，在后续的地面试车中，有一位年轻技术人员发现有一个测试参数不正常，发动机分解之后发现了问题，可以说正是遥二的故障部位，也就是问题复现。发现问题的这位同志立了大功，当即受到了奖励。经过整改，故障归零完全满足五条要求，这个过程是漫长而艰辛的！长五发射成功对我们国家来说太重要了，个人吃点苦是值得的。故障归零过程是一个学习、提高的过程，也是展示真正实力的场合。年轻人就是在这种磨砺过程中成长起来的。经过型号锻炼的年轻一代是未来航天的希望。

在长三乙发射最后一颗北斗卫星出现故障后，我给岳文龙所长写了一封信：

岳所长，听说这次长三乙推迟发射，是某发动机减压阀出了问题，这对你来说肯定压力很大，这也是我们老同志不愿看到的。

保证产品质量，十一所有一条成熟的办法，就是设计员配合生产，这是任新民老所长当年创造的经验。因为最了解产品的是设计员，最关心产品的还是设计员。只有设计员全程跟踪，才能保证做到心中有数。现在有一种观点：型号产品已经定型了，是由生产厂负责，我们没必要管太多。实际上产品出了问题，总是由抓总单位负责，即使是生产厂的问题，十一所也脱不了干系。我知道推动设计员下厂有很多困难，设计人员不愿意下厂，但是要推动此事，应该有政策激励。岳所长，你还很年轻，上次某发动机故障归零，你受到了很好的锻炼，但也付出了代价。我希望你要不断地积累经验，提高抗压能力，比较好地完成任务，绝不能连续出问题。祝你保重身体！

于继曾

2020年6月18日

六天以后，长三乙火箭发射北斗最后一颗卫星获得成功。我现在年龄有些大了，但是我的心还年轻。我关心国家的伟大复兴，关心航天事业的发展，关心北京十一所的不断进步！

38. 过好退休生活

我 2008 年 7 月 1 日退休，2015 年 10 月离开十一所，正式过上了退休生活。开始不习惯，原来天天上班，在办公室度过了白天的时间，现在待在家里，如何消磨这些时间，心里烦烦的，经过近一年的时间逐步适应了退休生活。

首先，要有一个平静的心情。生老病死是每个人都绕不过去的客观规律，与其天天郁郁寡欢，不如有个好心情。我们老同志建的聊天群，我就建议起名为“天天好心情”。想想老同志们都七老八十了，过一天少一天，何必和自己过不去呢！

其次，要找些事做。我做过学生干部，也做过事业单位的干部，我联络一些老同志、老同学举行联谊活动，建立聊天群。群是联系的平台，也是学习的平台、娱乐的平台、养生的平台。我们组织了四次十一所老同志聚会，年纪最大的已有 97 岁。我们大学同学全国性的聚会组织了两次，小型聚会每年都有一两次。因为同志们年龄比较大了，很可能出现健康问题，我们事先都有思想准备。聚会一次不容易，有的同志有好多年没见面，有的同学大学毕业后就没见过面，见面之后握手、拥抱，流下了激动而幸福的眼泪。做这些事情比较费工夫，但是为同志们提供了见面的机会，心灵是满足的。

出去旅游也是一个很好的选项。前些年我们去国外旅游的次数比较多，近年来主要是国内游。现在年纪大了，参加旅行社的旅行不受欢迎，只有自己组团。两人以上即可成一个团，到目的地后由当地旅行社派车和司机即可旅游了。我爱摄影，虽然技术不精，但每次都拍不少照片。我在旅行途中，每天都向朋友圈发照片，让群友们也欣赏当地的风光；回来后做美篇，系统地整理留存并发朋友圈；尔后做相册，没事时或者若干年后回头看看，会有想不到的乐趣。现在我已经做了近 30 本相册。

还要多活动。专家说老年人最适宜的运动是步行。我患有腰椎间盘突出症，影响到腿，走路超过 5 分钟膝盖就疼，揉揉就会缓解一些。后来下决心腿疼也要走下去，结果走上一段时间，发现腿竟然不疼了，可能是肌肉的力量增强了。我现在走上一两个小时也没问题，每天基本上坚持走一万步。此外，看看书，唱唱歌，看看电视，和同志们聊聊天，也会增加一些乐趣。

我们自己还有一个特殊情况，上有老，下有小，自然我们还要花费一些精力照顾他们。

现在，十一所退休人员有 500 多人，90 岁以上的有十几人，最年长的95岁，80岁以上的200多人，70岁以上的也有200多人。为了老同志们过好晚年，各级领导要多关心，但关键还是要自己保重。我们的老所长任新民活到102岁，老政委马云涛活到98岁，我衷心希望各位老同志向我们的老领导看齐，并希望有人超过他们！

后记

新冠疫情期间，闲着无事，心里发闷，特别是流行病专家讲，新冠疫情要闹上两年，才可以消停，这样就感觉更加烦躁。消磨时间的最好方法就是做事。做什么事？我想起我大学的政治老师，也是我的入党介绍人张玉彬教授，他的回忆录就是在女儿家探亲无事动笔写的。他的书送给我们学生，大家都爱读。读了他的书，又进一步了解了他的人品、信念、党性、亲情、爱情。我想向张老师学习，也写一点回忆文章，让我的后辈了解一下他的前辈，他的前辈多半辈子是如何度过的，是个什么样的人，他的品格、操守如何，做过什么对国家、对老百姓有益的事情，等等。

我既然决定写了，也就当个事干，要把它写出来，写完整。

我们这一代人是一个大的群体，有其特殊性。我们是生在解放前，长在红旗下。从小戴红领巾，入共青团，做共产党员，听党的话，崇拜毛主席，长期接受共产党的教育，继承党的光荣传统。我们在大学遇上了“文革”，功课没有学完，参加工作之后，主要靠自学。我们又赶上改革开放的伟大时代，经历了改革开放的初始、探索、试验阶段和确立目标模式、基本框架的阶段，这批人大部分是单位的工作骨干，在历史的长河中扮演了一定的角色。我们是社会人，通过总结自己的过去，也可以观察这个群体的社会轨迹。

我们已经进入老年阶段，但是只要保持积极向上的心态，就会延缓衰老。流水不腐，户枢不蠹，只要勤用脑，多动腿，就会有活力。这一段时间，收获颇丰，文章是越写越快，越写越流畅。只要认真回忆，一些忘记的事情又想起来了，甚至有些细枝末节的东西也想起来了。坚持下去，不要懒惰，对于一些新的东西要有兴趣，积极学习，或许可以避免老年痴呆。

于继曾

2020 年 7 月